O QUE FIZERAM COM A SUA SEGUNDA-FEIRA?

O QUE FIZERAM COM A SUA SEGUNDA-FEIRA?

BRUNO MENDES

5W

Coordenação editorial
Camilla Savoia

Assistente editorial
Luana Balthazar

Projeto gráfico e ilustrações
Studio OPZ

Diagramação
Anima Studio

Revisão
Bruno Fiuza
Mariana Oliveira
Rafael Alverne

M538q MENDES, Bruno (1986)
O que fizeram com a sua segunda-feira? – Rio de Janeiro: Grupo 5w, 2014.

236p.: il. ; 23cm.

ISBN 978-8566031-82-9

1. Autoconhecimento. 2. Conduta de Vida. 3. Felicidade. 4. Psicologia Aplicada. I. Título.

CDD 158.1

Ficha catalográfica elaborada por:
Tamar de Carvalho Rodrigues Lopes – Bibliotecária

Grupo 5W
Praça Mahatma Gandhi, nº 2, sala 1115
Centro – Rio de Janeiro (RJ)
CEP: 20031-100
www.grupo5w.com.br

AOS PAIS, AVÓS, PRIMO E IRMÃO.
A DEUS SOBRE TODAS AS COISAS.

PREFÁCIO

INTRODUÇÃO

PARTE I — ENSINA-SE A SER INFELIZ

CAPÍTULO 1 — FABRICAM-SE PESSOAS, ENSINAM-SE MÁQUINAS

CAPÍTULO 2 — A SOCIEDADE E O PROBLEMA DA ESCOLHA

PARTE II — PALPITES (PROVAVELMENTE) ERRADOS

CAPÍTULO 3 — AS DIVERSAS ARMADILHAS

CAPÍTULO 4 — ENGANADO O TEMPO TODO

CAPÍTULO 5 — TEREI DINHEIRO E SEREI FELIZ?

PARTE III – ONDE ESTÁ A FELICIDADE?

PARTE IV – UMA SEGUNDA-FEIRA COM CARA DE SEXTA, POR FAVOR

PREFÁCIO

Você julga que a vida possa ser vivida apenas como um dia após o outro? Que o destino está escrito e que o esforço é em vão? Que o trabalho é um mal necessário para o sustento e que o pior dia da semana é a segunda-feira? Que passando em um concurso público está tudo definitivamente resolvido?

Se estes questionamentos lhe inquietam, e a resposta não lhe parece clara, você apreciará este livro, em que o autor aborda o tema da felicidade de forma inovadora. Tendo a sua própria vida como pano de fundo, Bruno mostra o que de fato funciona, por meio da ciência que estuda a felicidade, acompanhada de mais de 20 exemplos práticos, com os quais, conduz o leitor a se perceber em muitas das situações descritas. Transferindo o ônus da verdade para os achados empíricos e livrando-se da ideia comum de que livros de autoajuda precisam resolver todos os nossos problemas, o autor convida à reflexão e acredita que desta via surgirão as mudanças na nossa vida.

Não é simples nem comum ver um jovem mudar radicalmente o seu caminho e, ao mesmo tempo, analisar, questionar e tentar parametrizar o que havia lhe ocorrido. Bruno Mendes não só o fez como procurou, dentro de seu ofício acadêmico, utilizar esta experiência como veículo de provocação intelectual e comportamental para seus alunos. Neste particular, tive a oportunidade e o privilégio de assistir à história dele a partir da adolescência e testemunhei a grande guinada que promoveu em seu caminho através de seu autoconhecimento. A trajetória percorrida pelo jovem sonhador e inexperiente que conheci há oito anos até tornar-se o mestre, professor e escritor de hoje em dia lhe dá credibilidade suficiente para abordar os assuntos aqui discorridos.

Impressionou-me sua capacidade de arquitetar toda esta obra e o encadeamento das ideias em todo o livro. Não foi apenas estudar, sentar e escrever. Fica nítido para quem acompanhou o seu zelo em todo o processo de construção do livro. Desde as inúmeras entrevistas – muitas delas com pessoas que ele nem conhecia pessoalmente –, passando pela preocupação de procurar artistas que pudessem dar vida a suas palavras, até a busca por uma editora competente que acreditasse em toda esta loucura repleta de lucidez. Fulgor de alguém que realizou todo o projeto com um olhar à frente de seu tempo e pensando com carinho naqueles que buscam a sua vocação no mercado de trabalho em meio a tantas opções.

Prepare-se para mergulhar em um livro inteligente, provocativo e esclarecedor. Uma obra das pessoas que tinham medo, mas seguiram em frente. Dos apaixonados que cultivaram suas aptidões e foram mais longe. Dos que puseram a felicidade antes do sucesso. Dos que ignoraram parentes, amigos e a sociedade para fazer o que de fato tinham vontade, independentemente se desta escolha viria seu sustento. Dos que extraíram até a última gota de suor para tornar real todos os seus sonhos. Uma leitura indispensável para as pessoas que gostam e não gostam da segunda-feira.

Boa segunda-feira para você!

Sérgio Eraldo de Salles Pinto
Presidente do Grupo Bozano

INTRODUÇÃO

"O livro é um mestre que fala, mas não responde."
Platão

O despertador toca e já são 7h da manhã. Na janela o sol bate forte e ainda com os olhos semicerrados tento, esticando o braço e sem levantar, abafar o barulho perturbador do relógio. Lembro então que hoje é segunda-feira e me preparo para mais uma semana de martírio. Enquanto o café escoa na cafeteira, na minha cabeça ecoam pensamentos sobre por que a vida está assim e se realmente ela deve ser dessa forma. Sem muito tempo para refletir sobre essas questões, corro para a faculdade de Estatística.

Por dois longos anos estudei Estatística e tudo que consegui foi realizar festas, participar de várias outras e algumas pouquíssimas aprovações no curso. Era de certo um dos piores alunos. Naquele momento da minha vida, ainda com 21 anos, só me preocupava em aproveitar o presente. Para que fazer planos se tudo se resume ao fim de semana? Por que estudar?

Em 2008, quando eu completava já quase dois anos naquela faculdade, entro na sala onde aconteceria a aula inaugural de uma das mais temidas disciplinas do curso. Mesmo desanimado e pensando se continuaria, prometi a mim mesmo que aquele semestre seria diferente. Encararia com mais garra e terminaria, mesmo sem gostar de nada do que se passava em sala – promessa feita em todo início de período. Tinha dito ao espelho de casa como quem repete um mantra: "Vou me formar na Ence, vou me formar na Ence...". Sem saber, o que eu estava fazendo era ir contra minha essência, o que jamais daria certo. No entanto, como eu poderia saber disso?

Preciso e direto, o professor pôs a pasta sobre a mesa e começou a falar. Para minha surpresa e de todos, o assunto não era integrais, probabilidades ou gráficos tridimensionais desenhados a giz. A aula começou com uma inesperada história que mudaria para sempre minha vida. "Há muito tempo, um péssimo aluno meu estava sentado bem aí onde vocês estão. Ele estava cabisbaixo e desmotivado para minha aula apaixonante!", exclamou o professor, que acharia absurdo alguém pensar o contrário. Ele estava contando o caso e disse que havia chamado a atenção de todos daquela turma para que repensassem suas vidas. "Será mesmo que vocês estão na faculdade certa? Vocês realmente querem se tornar estatísticos? Se a resposta for não, larguem já este curso. Vão fazer algo que lhes dê vontade de aprender!". Para a maioria dos alunos aquilo foi intrigante, mas para um deles foi o empurrão de que precisava, e este mesmo estudante se levantou da cadeira e nunca mais voltou. Anos depois, professor e aluno se reencontraram e, para a alegria de ambos, aquele futuro estatístico insatisfeito tinha se tornado um bem-sucedido e feliz médico. Esta foi a primeira vez em que me dei conta da importância de decidirmos fazer algo por paixão e recordo de ter feito muito sentido para mim.

Ouvindo essa história e outras semelhantes de outros dois professores nas semanas anteriores, senti como se estivesse na pele daquele aluno. Mais por reflexo do que por uma atitude pensada, tive o meu "um segundo de coragem" e fiz exatamente a mesma coisa: levantei da cadeira e nunca mais voltei. O resultado dessa decisão você pode imaginar: aquela história se repetiu com outro aluno e hoje sou um feliz professor universitário.

O que aconteceu desse dia até eu entender que ser professor seria o encontro perfeito de quem sou com o que eu gostaria de fazer não foi fácil. Contudo, ter percebido que eu não estava no caminho certo foi suficiente para desencadear inúmeras experiências e tentativas. Eu tinha finalmente começado a dar ouvidos às minhas aptidões e ao ofício que me faria levantar da cama com vontade.

Por isso, se você odeia sua segunda-feira, este é seu livro. Sem segredos, receitas ou fórmulas secretas, mostrarei os mais importantes achados da ciência que estuda a felicidade e navegaremos por histórias inspiradoras. É possível que você não encontre respostas aqui, mas aprenda a se questionar.

Convido-o a apreciar quão diversos, belos e benéficos podem ser os caminhos até o estado de espírito que nos completa. Com resultados da avançada psicologia positiva, espero encorajá-lo a ir em busca da felicidade de peito aberto e mudar sua vida. Espero ajudá-lo a achar o caminho que o faça desfrutar de uma segunda-feira com sabor de sexta.

PROCURA-SE O CULPADO

Nenhum dia é mais representativo que a segunda-feira quando não temos a menor afinidade com nosso trabalho. Basta digitarmos no Google Imagens a palavra "segunda-feira" para percebermos a variedade de imagens negativas ou charges engraçadas ironizando nosso sentimento sobre esse dia. Podemos pensar que é coisa de brasileiros, mas não é. Fazendo a busca em qualquer outra língua - *monday* (inglês), *lunes* (espanhol), *montag* (alemão), *poniedziałek* (polonês) e até em japonês - obtêm-se resultados semelhantes. Mesmo nas páginas da Noruega, país com maior IDH* do mundo, o mesmo comportamento nas ferramentas de busca de imagens é observado. É um fenômeno mundial o desgosto pelo primeiro dia útil da semana. Toda segunda-feira é sexta-feira 13 para quem não está fazendo algo que lhe agrada.

Isso acontece porque a segunda-feira simboliza o recomeço. É o dia em que saímos de um fim de semana provavelmente agradável, em que dietas e exercícios recomeçam, em que retomamos mais uma

* O IDH (Índice de Desenvolvimento Humano) é um indicador padronizado de avaliação e medida do bem-estar de uma população.

semana de trabalho (o qual não nos motiva) e não damos um bom-dia ao porteiro. Diferente é quando acordamos na sexta-feira. Neste dia tudo é mais belo. O porteiro ganha um abraço apertado, achamos nosso chefe mais legal, rimos de piadas sem graça, e as redes sociais enchem-se de homenagens a este dia. No filme de nossas vidas, enquanto a segunda-feira é o bandido, a sexta-feira é o mocinho.

Obviamente, a felicidade não se resume somente ao trabalho. Nós somos um complexo infinito de variáveis no qual nosso ofício tem uma das maiores relevâncias. Isso acontece porque, se dormirmos cerca de oito horas por dia e trabalharmos pelo menos oito horas por dia – muitos trabalham até mais –, teremos passado 1/3 da nossa vida realizando alguma atividade e outro 1/3 dormindo. Pode ser extremamente triste chegarmos à aposentadoria e concluirmos que perdemos tanto tempo fazendo algo que nada tinha a ver conosco. A boa notícia é que nunca é tarde para mudar ou começar algo diferente. Aos 35 anos, Vilfredo Shurmann largou o emprego e começou sua aventura de dar a volta ao mundo com a família a bordo de um veleiro. Aos 40 anos, Henry Ford revolucionou a administração fundando a empresa que leva seu sobrenome. Aos 53 anos, Ray Kroc fundou o McDonald's, e aos 60 anos Roberto Marinho criou a TV Globo.

Nesta obra o convidarei à reflexão. A ciência da felicidade sairá dos artigos e periódicos destinados a cientistas, pesquisadores e psicólogos entusiasmados e chegará até você. Serão revelados em quais momentos comprovadamente nos sentimos melhor e a que medida, evitando que sejamos iscas de nossas várias crenças sobre a felicidade. Através de histórias de vida, conheceremos quão importante é para nós a descoberta de nossa vocação. Pessoas que não seguiram suas paixões por status ou um bom salário no fim do mês, mas sim porque deviam fazer aquilo. Sentem que seu ofício faz parte deles e que os completam. Tiram o máximo de prazer e significado no presente e tornam-se brilhantes no que fazem com a prática constante. Essas pessoas não se imaginam fazendo algo diferente do que já fazem e o achariam louco se lhes dissesse para mudar de profissão.

Elas são totalmente preenchidas de prazer pela atividade que praticam e enxergam a vida com um propósito.

O PAI RICO

No ano do vestibular, conheci Pedro Henrique Salles, e ficamos amigos em pouco tempo por termos muitos interesses em comum. Tínhamos o hábito de passar dias inteiros em frente ao computador jogando on-line e, quando sobrava tempo, íamos à praia, viajávamos e passeávamos. O que ainda não havíamos conversado era sobre empreendedorismo, algo que começou a me chamar atenção nesta mesma época. Contei a ele sobre minha vontade de tocar um projeto e ele disse que talvez o pai dele pudesse ajudar. Só não imaginava o quanto aquela conversa mudaria os próximos anos da minha vida.

Era 11 de agosto de 2006, um dia chuvoso. Preparava-me para conversar com o pai do Pedro, com meu sócio, o Ricardo Nobre. No caminho para o apartamento dele, em Ipanema, ensaiávamos argumentos e como seria aquele encontro com o bem-sucedido Sérgio Eraldo. Afinal, em nossa cabeça jovem, estava claro que havia ali uma oportunidade de nos tornarmos ricos.

Já na sala, em uma mesa ao lado da varanda, ficamos sentados aguardando o começo de nossa reunião. Sem demora, veio o Sérgio nos receber, bem à vontade e pronto para um bate-papo informal – contrariando nossas expectativas para aquele momento.

Começamos explicando nossos sonhos e expectativas, enquanto ele nos ouvia atentamente e sem interrupções. Com 17 anos, não percebíamos quão despreparados estávamos para apresentar nossa ideia a um potencial investidor. Não tínhamos um plano de negócios, nem uma vaga noção sobre possíveis concorrentes ou quanto custaria tudo aquilo. Estávamos apenas com a vontade de fazer acontecer.

Hoje acredito que a maioria dos investidores no lugar dele se ofenderia por perder o precioso tempo com dois jovens sonhadores sem nada concreto em mãos. Na verdade, dois amadores. Sábio, calmo e *bon vivant*, Sérgio começou a nos educar usando uma caneta e papel. Tivemos uma verdadeira aula sobre negócios e vida naquele dia. Falou sobre muitas coisas pelas quais ele havia passado até chegar ao cargo que ocupava, bem como a importância de fazermos um plano de negócios daquela história que havíamos contado. Explicou que a vida é um misto de sorte, dedicação e contatos. Devíamos estar sempre preparados para montar no "cavalo branco" – era como ele chamava a "oportunidade única" – que passasse em nossas vidas. Ali estava minha primeira referência de esforço como fator-chave de sucesso. Aprendi que há uma diferença fundamental entre as pessoas bem-sucedidas e as demais. As primeiras sabem aproveitar as oportunidades e estão preparadas para desempenhar um papel fora do comum – por conta do quanto se esforçaram para desenvolver a habilidade. Esta foi sem dúvida a maior lição que tive.

Sérgio não vinha de família rica. Veio ao Rio de Janeiro fazer mestrado e construir toda sua carreira depois de se formar na Universidade de Brasília. Neste bate-papo que tivemos oito anos antes deste livro, ele fez questão de desmistificar a genialidade e a predestinação como fatores decisivos para chegar aonde estava. Pelo contrário, ele enfatizou a importância do esforço. Ele sempre havia se dedicado muito ao estudo, desde a escola. Deixou claro que a sorte favorece a mente preparada. Estar no lugar certo e na hora certa o fez trabalhar com Julio Bozano e Mario Henrique Simonsen, fundadores do maior banco de investimentos do país.

Exatamente como no best-seller *Pai rico, pai pobre*[1] de Robert Kiyosaki, a minha vida se desenhou a partir dessa noite com o Sérgio. No livro, Robert conta que teve dois "pais". O pai rico de seu melhor amigo, Mike, que aconselhou o autor sobre aspectos profissionais durante toda a sua trajetória, e seu próprio pai biológico, o "pobre", presente no dia a dia e que modelou todos os outros aspectos da vida.

PARTE I

ENSINA-SE A SER INFELIZ

"Todo mundo é um gênio. Mas se você julgar um peixe por sua capacidade de subir em uma árvore ele vai passar toda a vida acreditando que é estúpido."
Albert Einstein.

Eu e a escola nunca tivemos uma boa relação. Quando não fingia dores de cabeça para faltar, eu inventava algo em sala para o tempo passar – fosse perturbar colegas de classe, rabiscar no caderno ou levantar sucessivamente da cadeira. Professores diziam que eu era extremamente irrequieto e displicente. O diagnóstico era muito simples: eu não queria nada com aquilo. Não da forma como me era ensinado. O resultado foi um rendimento tão baixo que me colocou no posto de pior aluno em todas as turmas pelas quais passei, desde a alfabetização até o fim do ensino médio. No ano do vestibular, muitos acreditam que conseguir a aprovação é a parte mais difícil para os jovens, mas provavelmente isso não é verdade. Escolher o curso, e, consequentemente, a profissão, é uma tarefa muito mais complicada. Qual é o meu sonho? Com que eu gostaria de trabalhar? Há uma cobrança familiar e social nos apressando a fazer essa escolha. E é justamente nessa hora que, muitas vezes perdidos, ficamos suscetíveis à influência das pessoas e das revistas que divulgam as carreiras mais bem-remuneradas. O que acaba acontecendo é que passamos a nos concentrar não mais no que nos faz feliz, como aquela aula de música, de dança ou de artes, mas no curso de Administração ou de Direito que provavelmente nos garantirá uma vida estável e segura. Dessa forma, poderemos ter dinheiro, sermos bem-sucedidos e, então, felizes – raciocínio que a ciência provou estar equivocado e que retomaremos várias vezes mais adiante.

Com certeza há muitas pessoas felizes e satisfeitas nessas carreiras ditas seguras, mas me recuso a acreditar que somos o "país dos advogados", por exemplo. No Brasil, temos cerca de 1.240 cursos de Direito, quantidade superior à soma de todos os cursos de Direito existentes no mundo inteiro.[2] Hoje são 800 mil profissionais com o título da OAB no Brasil e aproximadamente outros 3 milhões com título de bacharel, mas sem autorização para advogar.

CAPÍTULO 1

FABRICAM-SE PESSOAS, ENSINAM-SE MÁQUINAS

Não saber qual profissão seguir na vida, em parte, pode nascer da estrutura escolar, pois ela molda nossa maneira de pensar e decidir quando formos adultos. O modelo vem do período da Revolução Industrial e das primeiras linhas de montagem de Henry Ford, durante os séculos XVIII e XIX. A finalidade era atender às necessidades da época distribuindo as disciplinas de acordo com o que era mais conveniente às indústrias. Naquele momento, a preocupação era exclusivamente suprir a demanda por mão de obra. Não era importante pensar em mecanismos que desenvolvessem aptidão e criatividade se o objetivo era apertar parafusos, como Charles Chaplin no clássico filme *Tempos modernos*.

Essa abordagem visa à uma educação igual para todos os indivíduos, desfavorecendo aqueles que não têm predisposição natural a aprender da forma que é ensinado. As crianças são preparadas para serem iguais em um mundo que exige que elas sejam diferentes. Uma sociedade precisa de uma variedade enorme de pessoas com diferentes ofícios. Não se faz uma boa equipe de futebol com 11 goleiros.

O conhecimento é julgado através de perguntas que aceitam uma única resposta e isso sufoca o pensamento criativo. Essa forma diverge da inteligência inata das crianças, que soluciona problemas de forma atípica e possui a capacidade de enxergar além do óbvio.

Nas atividades em que não há uma única resposta certa para a pergunta, a criatividade aparece.[3] Certa vez, em uma aula de desenho, uma menina de 6 anos chamou a atenção de sua professora. A pequena aluna nunca se importava com as outras aulas, mas nesta estava incrivelmente concentrada. Intrigada, a professora resolveu questioná-la sobre o que estava desenhando, esperando ver algo como uma casa com chaminé, sua família ou um céu azul. No entanto, a pequena menina respondeu: "Estou desenhando um retrato de Deus." A professora, atônita, disse: "Mas ninguém conhece a fisionomia de Deus, como você vai desenhar ele?". A menina completou: "Vão conhecer em um minuto."

Algo parecido aconteceu comigo por volta da terceira ou quarta série do ensino fundamental. A professora pediu à minha turma que escrevesse uma redação de 15 linhas. Eu escrevia muito mal e não fazia ideia de por onde começar. Nesta mesma semana, havia escutado na aula de História que o imperador Dom Pedro II tinha 15 sobrenomes e a professora tinha lido todos em voz alta. Eu me lembro de ter achado isso muito interessante e, diante do problema que eu tinha em mãos, pensei ter encontrado a solução.

O personagem da minha redação também deveria ter um nome daqueles. Como eu não fazia ideia do nome completo do imperador, eu pus os sobrenomes de meus colegas de classe no meu personagem, e citei aquele nome gigante várias vezes ao longo no texto. Só com aquele nome preenchi metade das linhas necessárias e precisei escrever muito pouco. Eu me lembro bem dessa situação porque a professora ficou indignada com minha redação. A lição dessas histórias não é de que devemos premiar as crianças pelo erro, mas sim pela capacidade delas de não terem medo de estar erradas. Quando elas não sabem, criam. Não significa que ser criativo e estar errado estão intimamente ligados, nem que isso deve ser ensinado. Contudo, precisamos estar preparados para errar e entender que isso é um processo que nos leva a ter ideias originais. Eu realmente acreditava que havia resolvido bem meu problema até ver a nota zero na redação.

GABRIELA

KAPIM

NUTRICIONISTA

SUA SEGUNDA-FEIRA É ENSINAR CRIANÇAS A SE ALIMENTAR

Quando o assunto é criança e criatividade, Gabriela é uma especialista. O sucesso que tem sido o seu programa na TV, que agora se transformou também no livro *Socorro! Meu filho come mal*, prova o quão crítica é sua visão não só sobre a alimentação, mas também sobre o comportamento dos pequeninos.

"Um dia cheguei para dar aula de capoeira no pátio de uma escola e falei com meus alunos: 'De quem é essa mochila que está aqui no meio do chão?' Um deles respondeu: 'Kapim, o meio do chão é um lugar muito relativo, não é?'. Fiquei intrigada com aquilo e perguntei como isso podia ser. Ele me respondeu: 'É, considerando que a Terra é redonda, o meio do chão pode ser qualquer lugar do mundo.'"

Essa reflexão veio de uma criança de 6 anos. As crianças pensam de uma forma mais clara e distinta do que o raciocínio que fomos levados a ter.

"A gente tem que prestar atenção a como falamos com a criança. O que a gente faz tem que ser muito coerente com o que a gente diz. Eles prestam atenção em tudo. Se eu falasse que tem que lavar as mãos antes de cozinhar, e elas me vissem cozinhando sem lavar as mãos, elas me denunciariam."

Gabriela foi uma criança que não gostava da escola. Os problemas que ela enxergava e enxerga até hoje em outras crianças é muito claro: a excessiva teoria sem prática. "O que eu falo e o que os outros falam pra mim só faz sentido se eu vejo isso na prática, se eu vivencio e se eu vejo o outro vivenciando. Senão, fica só no blá-blá-blá, e então não acredito em nada. Esse eu acho que é um pouco o raciocínio das crianças." Ela dizia a seu pai nos tempos de escola que era má aluna porque aquilo não fazia sentido, mas que na faculdade seria outra história. Começou então o curso de Comunicação Social e já no primeiro período foi reprovada em cinco matérias das sete que havia escolhido. "Qual desculpa eu daria ao meu coroa agora? Eu havia escolhido o curso, mas tomado uma decisão errada", lembra.

Nessa mesma época, Gabriela começou a se interessar mais por alimentos. Em viagens com amigos tinha o hábito de cozinhar para eles, ia a restaurantes para provar coisas diferentes e em casa inventava novos pratos. Então nasceu a vontade de fazer Nutrição, curso que unia saúde com seu interesse por alimentação. Só havia um problema: essa decisão não foi recebida tão facilmente por seu pai. Ele achou péssima a ideia de abandonar o curso de Comunicação Social, que era bem-visto, pela insegura carreira de nutricionista: "Ele acreditava piamente que eu nunca conseguiria fazer dinheiro com essa opção."

Decidido a fazê-la desistir dessa ideia, o pai de Gabriela a levou para o hospital onde trabalhava para ela conversar com um nutricionista, o que seria um fiasco para os planos dele. "O nutricionista que eu conheci era apaixonado pelo que fazia. Eu passei o dia todo no Inca (Instituto Nacional de Câncer), com muitas crianças enfermas, adultos à beira da morte, e o nutricionista tinha um amor enorme por aquilo que ele fazia. Ele conseguia de fato passar a importância e o valor do alimento e da nutrição para aquelas pessoas, o quanto aquilo podia reverter o quadro clínico delas. Eu fiquei encantada e meu pai quis matar o nutricionista", ri.

A partir daquele dia Gabriela Kapim não teve mais dúvidas: seria nutricionista de qualquer forma. Fez o curso de Nutrição e finalmente passou a tirar várias notas excelentes. Chegou a tentar abrir, com uma sócia, uma casa de atividades voltada para crianças, mas não deu certo. No entanto, a ideia de trabalhar com crianças não saía de sua cabeça. Só não sabia de que maneira faria isso – ainda.

"Eu nunca abriria um consultório, porque requer um custo fixo altíssimo e uma demanda de clientes enorme pra poder sustentar. E buscando uma solução, tive a ideia de atender em domicílio, porque nesse caso eu teria somente o custo do deslocamento. E aí fui entendendo que dessa forma eu tinha uma visão do núcleo familiar e de dentro do problema que não teria se estivesse em um consultório." Esta foi a grande sacada! "Quando a criança e seus pais saem de casa e vão ao consultório, já chegam 'ensaiados' para aquele momento com o nutricionista. Em casa isso não acontece. Quando eu estou na casa dos clientes, as crianças estão de chinelo, bem à vontade, e os vejo cozinhar. Isso evidencia um monte de questões que no consultório eu demoraria meses pra conseguir pegar."

Unindo o útil ao agradável na vida profissional, Gabriela desenvolve este trabalho com crianças há mais de quinze anos, e há um ano realiza um programa de TV. Todo início de semestre, leva aos novos alunos do curso de Nutrição na Universidade Estadual do Rio de Janeiro aquela centelha de paixão que obteve em sua conversa com o nutricionista do Inca. E é esse bate-papo que pode ajudar os alunos que ingressam no curso a reforçar sua escolha ou desistir dela.

"Eu digo a eles: se não faz seus olhos brilharem, saia daqui. Vá fazer outra coisa! Se você não gosta de comida, saia dessa faculdade. Porque só quando eu fiquei realmente satisfeita com o que eu estava fazendo é que o dinheiro passou a existir na minha conta bancária. Enquanto eu fiquei correndo atrás dele, ele corria de mim. Eu acredito no que estou fazendo. Eu acho que isso é fazer o bem, esse é o jeito que eu consigo levar o conhecimento que adquiri na faculdade." Encontrar o amor na nutrição e entender o universo particular das crianças foi determinante para o sucesso de Gabriela Kapim.

O QUE AS EMPRESAS QUEREM NÃO É O QUE AS ESCOLAS DÃO

Empresas e corporações do mundo todo dizem que precisam de pessoas inovadoras, capazes de pensar de forma holística. Como atender a essa necessidade se não fomos preparados para isso? Aqueles jovens cujas mentes funcionam de maneira diferente – talvez a maior parte – podem ter se sentido excluídos da escola quando crianças. É exatamente por isso que muitas pessoas bem-sucedidas não foram bons alunos na escola. A educação deveria ser o sistema que desenvolve e estimula nossas aptidões naturais, ajudando a trilhar nosso caminho no mundo. Em vez disso, ela está freando os talentos e habilidades dos estudantes. Escola é o local onde se adquire informação e conhecimento, o que hoje em dia já está por toda parte (até em nossos bolsos, nos celulares com acesso a internet). E o melhor desse novo ambiente é que as crianças aprendem o que desejam. Por isso surgem empreendedores cada vez mais novos – eles mesmos respondem às perguntas que formulam.

Ainda assim, passamos a vida sendo programados a aprender uma quantidade humanamente impossível de dados sem que haja escolha ou mesmo conexão entre eles. Precisamos decorar a matéria, fazer a prova e passar. No ano seguinte, mesmo processo. Não pense! Decore e faça provas. Isso é ruim para professores e alunos. Uma recente pesquisa da Organização pela Cooperação e Desenvolvimento Econômico (OCDE) mostrou que uma a cada cinco horas de aula de um docente, no Brasil, é desperdiçada resolvendo indisciplina.[4] Obviamente há outros fatores, mas um que certamente os motiva a ser indisciplinados é o descontentamento com o ambiente escolar e o que está sendo ensinado.

A maioria desses alunos chega à idade de decidir para qual curso vão prestar vestibular acostumados a responder a questões fechadas. Desta forma, como poderão decidir que carreira seguir? O resultado são escolhas equivocadas e desconectadas com quem eles realmente são. O sistema educacional dos Estados Unidos funciona de uma forma um pouco diferente, o que o torna mais favorável aos alunos no momento de fazer essa escolha decisiva, ainda que não traga uma solução definitiva para esta situação. No modelo de *undergraduate* o estudante tem dois anos de contato com uma grade ampla, diversa e obrigatória, que independe do curso escolhido ao entrar na faculdade, para somente depois escolher qual carreira deseja seguir definitivamente. Nessa idade, alguns jovens ainda estão formando sua maneira de ver o mundo e de entender suas habilidades. Este modelo, portanto, permite não só que ele explore melhor seus gostos ao ter acesso a diversos conteúdos, como também tenha maior flexibilidade. De todo modo, os dois primeiros anos são feitos uma única vez, ou seja, não precisam ser repetidos depois que o aluno escolhe o curso que vai seguir.

Todavia, tanto no Brasil quanto nos Estados Unidos, e em várias partes do mundo onde meus estudos alcançam, a maneira de ensinar é praticamente igual. A escola premia um único tipo de inteligência, deixando de fora qualquer tipo de atividade que envolva o coração, o corpo, os sentidos e boa parte do nosso cérebro. De forma lúdica, é como se pedíssemos a um macaco, um elefante e um peixe que subissem em uma árvore. É óbvio que cada um terá um desempenho diferente, mas se julgarmos somente essa habilidade, eles concluirão que são completamente incapacitados para fazer qualquer outra coisa. Somente as mentes mais críticas entenderiam que o peixe é exímio nadador e o elefante é perfeito para carregar seres humanos e ajudar nos trabalhos pesados na savana africana.

O TESTE DE Q.I.

O ministro da Educação do governo francês precisava elaborar um plano que colocasse todas as crianças nas escolas, mas, para fornecer um ensino adequado a todos, acreditava ser preciso diferenciar aqueles com dificuldade de aprendizado dos mais capacitados. Diante dessa necessidade surgiram os estudos feitos por Alfred Binet e Théodore Simon, em 1905. Eles desenvolveram o Teste Binet-Simon.[5]

Nunca houve a pretensão de identificar graus de inteligência ou "valor mental". Na verdade, salientaram que a escala que haviam criado "não possibilita aferição de inteligência, porque as qualidades intelectuais não se superpõem e, portanto, não podem ser medidas como se fossem superfícies lineares". Os cientistas também jamais ambicionaram que o teste fosse usado para indicar que um indivíduo não conseguiria tornar-se mais inteligente com o passar do tempo.

Pouco mais de dez anos depois, Lewis Terman criou o modelo que hoje conhecemos como teste de Q.I. (quociente de inteligência), exame que avalia e pontua o grau de inteligência humana. Ele também foi o criador do mais famoso teste longitudinal dos efeitos de se ter um Q.I. alto e baixo. Uma releitura dessa famosa investigação foi feita pelo jornalista e escritor britânico Malcom Gladwell no seu best-seller *Fora de série: Outliers*. Terman havia testado aproximadamente 250 mil estudantes de níveis fundamental e médio, sendo 1.470 deles categorizados como gênios, obtendo pontuação superior a 140. Considera-se uma pessoa com nível normal de inteligência a que obtém cerca de 100 pontos. Acompanhados e assessorados por Terman durante toda a vida, os quase gênios eram esperados como "os próximos líderes que promoverão a ciência, a arte, a política, a educação e o bem-estar social em geral". Os "térmites", como ele apelidou os indivíduos com Q.I. elevado, eram acompanhados de perto, tendo as realizações acadêmicas, relações íntimas, saúde e até mudanças eventuais de emprego mapeadas. Tudo devidamente registrado em sua obra *Genetic Studies of Genius*. A conclusão do estudo temporal de Lewis Terman foi que não houve sequer um vencedor de Prêmio Nobel dentre os milhares de estudantes selecionados, inclusive os de Q.I. alto. No entanto, havia rejeitado na época dois estudantes de ensino fundamental, William Shockley e Luis Alvarez, por não terem Q.I. alto o suficiente para serem acompanhados. E esses "incapazes" foram dois brilhantes estudiosos que receberam o Prêmio Nobel.

O teste de Q.I. então é completamente inútil? A resposta é não. Há comprovações científicas de que um alto Q.I. é sim um indicador de genialidade, contudo, a partir de certo grau não há mais diferença. É como se houvesse um teto. Indivíduos com 140 não são menos capazes que os de 180. Todavia, ambos têm melhor raciocínio que os de 80. Pensemos em esportes, em que as características físicas são importantes. Cesar Cielo e Michael Phelps têm 1,93m de altura, mas há nadadores com altura superior a dois metros que não são melhores. No entanto, dificilmente veremos algum campeão olímpico medindo 1,70m. Portanto, ter um Q.I. alto ajudará você a ser bem-sucedido, assim como ter mais de 1,90m o ajudará a ser um nadador profissional, mas ele não é o único fator. A comunidade científica concorda que 20% do nosso sucesso pode ser explicado pelo Q.I., o restante é derivado das oportunidades e aspectos culturais que o indivíduo terá ao seu auxílio.[6]

A maior implicação das padronizações e do julgamento da inteligência é que os estudantes que não forem bem no Exame Nacional do Ensino Médio (Enem), por exemplo, poderão se comprometer com uma ideia errada sobre as suas vidas profissionais porque aprendemos a aceitar que a inteligência sempre vem acompanhada de um número: "Aquele rapaz sempre tirou nota 10, é muito inteligente!". Essa noção já está disseminada em todos. Nós pensamos que sabemos a resposta da pergunta "quão inteligente você é?". No entanto, a verdade é que esta pergunta está equivocada. O melhor seria abordar da seguinte maneira: "De que forma é a sua inteligência?". Em áreas como matemática e língua portuguesa é possível aferir objetivamente o conhecimento do aluno, porque podemos colocá-los no papel, fazer uma prova. No entanto, como teria sido possível medir a habilidade de Beethoven antes de ter feito a sexta sinfonia? Ou de Michelangelo antes de pintar a Capela Sistina?

Howard Gardner listou pelo menos sete formas distintas de inteligência: linguística, musical, matemática, especial, cenestésica, interpessoal e intrapessoal. Robert Sternberg foi mais sucinto e dividiu em três grandes grupos: analítica, criativa e prática. Seja qual for a classificação, uma coisa é certa: não desenvolvemos aquilo a que temos maior predisposição ou em que somos "mais inteligentes" quando estamos na escola.

Ken Robinson costuma fazer um experimento com sua plateia pedindo que cada pessoa atribua uma nota ao próprio nível de inteligência.[7] Ele começa pela nota 10, e por volta de duas pessoas levantam a mão. Um público um pouco maior escolhe 9 e a maioria se classifica como 8 ou 7, mas ainda há vários que atribuem à própria inteligência notas inferiores, até 2 – ele evita mencionar a nota 1 por achar que ninguém ergueria o braço. Curioso é constatar que existe um padrão de comportamento e que raramente alguém faz a pergunta que deveria ser feita: "De qual inteligência estamos falando?". Nós nos acostumamos a um padrão sem menor contestação e isso muitas vezes mina nossa capacidade de crescimento pessoal. Dificilmente uma pessoa que se categorize como nota dois terá êxito em desafios da vida que ponham em xeque a sua percepção de quão capaz é para realizar determinado objetivo. Sobretudo se envolverem provas objetivas.

Eu nunca cheguei a fazer um teste de Q.I. por medo de a nota ser incrivelmente baixa e, mesmo assim, cansei de ouvir em sala de aula a máxima: "Professor, você chegou aonde está porque você é inteligente. Você é um gênio! Uma genética privilegiada." Minha primeira reação é a vontade de mostrar-lhes meu histórico escolar com muitas notas vermelhas – já que nós nos acostumamos a julgar inteligência por números. Em seguida, a de proferir um sermão na tentativa de desconstruir essa crença sabendo que ela pode ser prejudicial no longo prazo. É preciso entender que a capacidade para se realizar algo grandioso boa parte das vezes depende exclusivamente de quanto estamos dispostos a nos dedicar. Voltaremos a falar sobre isso em vários pontos do livro.

Se você de alguma maneira pensa dessa forma, não se sinta um peixe fora d'água. Trata-se de um mecanismo natural em nós, seres humanos, ativar o alerta de medo. Enxergar o mundo com menos receio e mais ousadia é um processo que precisa ser iniciado aos poucos. Tomamos coragem à medida que vamos mudando nossa relação com o medo, quando entendemos que ele existe, mas que não é mais um impeditivo. Afinal, o fracasso faz parte do processo, mas não a desistência.

OS ÚLTIMOS ANOS DE ESCOLA

Aos que, como eu, não se encontraram nas matérias dadas em sala, viveram uma passagem pela escola marcada pelo receio de fracassar nas provas e por uma forte sensação de alívio a cada fim de ano – momento este que eu confundia com a felicidade. O que a escola alimenta com isso é o hábito de postergarmos a nossa satisfação e bem-estar subjetivo: "Estudar não é tão ruim. No meio e no fim do ano têm férias." Perceba que transportamos essa maneira de pensar para o mercado de trabalho, adiando a felicidade para nossas férias ou promoções futuras.

Chega o último ano, tempo de vestibular. Lembro-me de assistir a uma hora e meia de trigonometria, logaritmo e equações. Depois mais uma hora e meia de organismos unicelulares e pluricelulares. E para fechar o dia, um pouco de história da Segunda Guerra Mundial. Questiono-me o que acontecia com meu cérebro após esta enxurrada de informações. A aprendizagem provavelmente fica prejudicada e não nos ajuda com o que é ainda mais importante do que tirar boas notas no vestibular: escolher o nosso futuro. Às vezes o que desejamos fazer nem é ensinado em um curso de faculdade.

A fim de suprir essa lacuna criada pelo excessivo foco na prova, alguns colégios chegam a contratar profissionais especializados em carreiras para fazer o teste vocacional. No entanto, o contato é muito breve para que seja eficiente e o problema poderá se agravar ainda mais se os alunos seguirem palpites pouco respaldados. Não consigo imaginar um teste vocacional dizendo ao Kelly Slater (maior surfista profissional de todos os tempos) para não fazer faculdade e ir surfar.

Algo está errado e o erro não demora muito a aparecer. Pergunte a uma criança sobre o que ela sonha ser, e ela te responderá com simplicidade algo como médico, jogador de futebol, bombeiro, astronauta, mágico etc. Isso acontece porque elas ignoram totalmente as regras da vida, as imposições da sociedade e optam por fazer o que no momento as encanta. Esta é a linha de pensamento que nossa escolha deve seguir, seja qual for nossa idade. Eu sonhei em ser cientista como o Christopher Lloyd no filme *De volta para o futuro*, depois um expert em informática como Bill Gates e acabei optando por Estatística (?). Depois mudei para Administração – curso que muitos escolhem por não saber mais o que fazer. Por sorte, me encontrei no Marketing e depois na docência.

Você provavelmente já ouviu falar ou até mesmo pode se encaixar em algum dos casos abaixo:

"Meu avô foi médico, meu pai também, e então decidi ser médico."

"Estou terminando a faculdade, mas não gosto do que faço."

"Não sei qual faculdade fazer."

"Queria fazer faculdade de artes ou dança, mas decidi fazer o curso de direito porque tem muito concurso para essa área."

Essas afirmações resultam de pressões sociais ou de um autoconhecimento que nunca teve a oportunidade de aflorar e, portanto, estão potencialmente erradas.

Em que momento fomos incentivados, na escola, a fazer aquilo que queremos fazer e para que temos aptidão?

Contrariando toda essa história de insatisfação com o ambiente escolar e depois de buscar incessantemente por alguns anos o que fazer da minha vida, eu descobri justamente na educação a minha paixão. Eu seria professor. Não na escola, mas na universidade, onde grande parte dos alunos estão em conflito sobre que profissão devem seguir, uma escolha que causará grande impacto na felicidade deles. Meu propósito, portanto, passaria a ser não somente passar o conteúdo relacionado ao curso de administração, mas mudar vidas.

SÍNDROME POSITIVA

Assim como eu, Ken Robinson conta em seu livro a história de Gillian, uma irrequieta menina de 8 anos que tinha dificuldade de se adaptar ao sistema educacional.[8] Todos os professores relatavam o baixo desempenho e o mau comportamendo dela em sala de aula. Ela se remexia na carteira, fazia barulho, levantava-se para olhar a janela e arrumava diversas maneiras de desviar a atenção das demais crianças. Muito preocupado com seu comportamento, a escola decidiu escrever uma carta aos pais relatando que ela tinha problema de aprendizado e que deveria ser matriculada em uma escola para crianças com necessidades especiais.

Os pais, de acordo com o pedido da escola, decidiram levar sua filha até um psicólogo para fazer a avaliação. Depois de uma breve conversa, o psicólogo se retirou da sala com a mãe, pedindo que a menina os aguardasse sentada que eles já voltariam. Gillian concordou e o especialista, antes de sair da sala, deixou o rádio ligado tocando uma música suave.

Virando o corredor, o psicólogo disse à mãe de Gillian para aguardar uns minutos e ver se aconteceria algo. De um lugar onde a menina não podia vê-los, eles a observaram. Não demorou muito e Gillian se levantou para começar a dançar acompanhando o ritmo leve da música. Eles observaram atônitos aquela espontânea ação motivada pelo som. Qualquer pessoa poderia notar a expressão de felicidade que emanava do rosto da menina. Qualquer um poderia dar o diagnóstico vendo este acontecimento, e o psicólogo disse o que estava claro: "Preste atenção, sra. Lynne, Gillian não está doente. Ela é uma dançarina. Coloque-a em uma escola de dança."

A mãe seguiu o conselho do médico, e hoje Dame Gillian Barbara Lynne é uma bailarina mundialmente conhecida, diretora de teatro e televisão, notória coreógrafa. Sua principal criação quebrou o recorde de permanência em cartaz na Broadway: o famoso espetáculo *O fantasma da ópera*. Hoje com 88 anos, Gillian é constantemente premiada pelas suas contribuições na dança. O desperdício teria sido enorme caso ela tivesse ido a uma escola especial e se formado em uma faculdade de Matemática ou Engenharia. Estava claro que ela e suas aptidões não se encontrariam por esse lado. Não neste caso.

BETO
GATTI

FOTÓGRAFO

SUA SEGUNDA-FEIRA É LIVRE À CRIATIVIDADE

Com os mesmos sinais de hiperatividade e déficit de atenção de Dame Gillian, o fotógrafo Beto Gatti, também não sentia empatia pelo ambiente escolar.

"Como eu nunca fui um aluno exemplar, eu precisava me destacar de alguma outra forma. Já que eu não seria o melhor aluno, fazia questão de ser e mostrar a todos que eu era o pior aluno. Mas o mediano, o medíocre, isso nunca. Em tudo que eu sempre fiz, precisava ser o 80 ou o oito, mas a metade não."

Neste ponto, Beto deixa claro que não se sentia bem em ser o pior, mas ser a média o incomodava ainda mais. Também não quer dizer que ser um péssimo aluno na escola seja premissa de sucesso. É só uma constatação de que o sistema educacional nem sempre qualifica aqueles que serão bem-sucedidos.

Durante as primeiras aulas no primário, que ele considerava monótonas, Gatti passava todo o tempo desenhando. Essa atividade o fazia se desligar do mundo a sua volta. Ele olhava para a professora e só conseguia notar a sua boca mexer, mas não ouvia os sons. Estava claro que sua vocação envolvia a criatividade, mas o que ele poderia fazer com aquilo ainda não era tão óbvio.

Chegou o ano do vestibular, e ele precisava decidir que carreira seguir. Optou por desenho industrial, pensando que neste curso haveria a possibilidade de usar sua criatividade e habilidade.

"A minha escolha não foi baseada na ideia de ganhar dinheiro com a minha carreira. Eu queria desenhar, colocar a minha criatividade para fora. Acho que ter posto o dinheiro em segundo plano nessa decisão me ajudou bastante."

Agora, em contato com pessoas parecidas com ele e aulas que tinham ressonância com seu jeito de ser, Beto se lembra de chegar a uma conclusão que esperou por toda a vida escolar: "Se isso aqui for estudar, eu quero fazer isso para o resto da minha vida."

Ele havia encontrado algo pelo que, pela primeira vez, tinha vontade de acordar cedo e de se aperfeiçoar. Agora, como ele amava o que fazia, tudo pareceu mais fácil. De péssimo aluno na escola, tornou-se um dos melhores na faculdade. "Qualquer trabalho que tinha, eu me dedicava ao máximo. Imergir naquele mundo era prazeroso e o resultado sempre era satisfatório."

Até que um dia, normal como todos os outros, mudou definitivamente os próximos anos de sua vida. A coordenação do curso na faculdade comunicou que haveria uma palestra e que todos deveriam participar para cumprir horas extracurriculares. Mais interessado em cumprir os créditos do que no assunto, Beto foi com seu amigo de infância, Bruno Arruda, para a apresentação.

Chegou à sala uma jovem mulher cuja aparência já inspirava sucesso. O professor a introduziu contando que aquela mulher era sua ex-aluna e que hoje vendia roupas para o mundo inteiro. Antes que ela começasse o discurso, Beto se lembra de ter olhado para seu amigo e ambos terem percebido a mesma coisa. Eles viram que a história dela se encaixava com a ideia que ambos tinham. A palestra foi o empurrão de que eles precisavam para criar sua própria marca de roupa. Munidos de desejo e paixão incontroláveis, eles começaram a se movimentar.

Foram muitas discussões, reuniões e pesquisas sobre como fariam aquela ideia dar certo. Visitaram ateliês, fábricas, fornecedores até que uma mulher chamada Verona, estilista e professora de corte, resolveu adotá-los e ensinar tudo que eles precisavam para fazer aquele sonho se tornar realidade. Eles tinham uma mentora e isso seria imprescindível para a concepção do projeto.

Antes de começar aquela loucura, eles precisariam de um nome. A marca surgiu pouco depois, de uma conversa entre os três sócios. Aquela história se chamaria Treelip, uma junção de *Three* (três) e das iniciais de *Live Insane Person* (pessoa de vida insana). Apesar de não terem dinheiro, porém muita determinação, as coisas foram acontecendo para eles.

A Treelip começou a fazer ensaios fotográficos para divulgar as peças, e as vendas aumentaram muito. Na mesma época, as redes sociais começaram a surgir. "Eu fazia os ensaios fotográficos e podia colocar as fotos para todos verem no orkut. Eu lembro que só podíamos ter no máximo 600 amigos e 12 fotos no álbum. Portanto, essas imagens deveriam ser os melhores cliques com os melhores modelos."

O resultado de sua audácia e força de vontade foi o sucesso imediato da marca, atraindo investidores, mesmo com o pouco tempo de vida. Treelip agora teria uma loja física no metro quadrado mais cobiçado da moda no Rio de Janeiro: na rua Aníbal de Mendonça, em Ipanema. "Eu cheguei no lugar com que eu sempre havia sonhado em muito pouco tempo, mas eu paguei neste mesmo intervalo com muito suor."

A empresa tinha crescido muito rapidamente, e eles não estavam preparados para isso. Da mesma maneira que fora exponencial e acelerado o crescimento, foi a sua queda. O resultado é que meses depois tiveram que fechar a loja. "Foi um investimento gigantesco e pouco planejado", lamentou.

Em seguida vieram os desentendimentos e, não muito tempo depois, a sociedade acabou, dando fim ao projeto de seis anos. Gatti conta que se lembra de acordar e dormir pensando no seu projeto e de repente ver tudo desmoronar. Às vezes ficava olhando para o lugar onde sua loja costumava ficar, na Aníbal de Mendonça. "Fiquei completamente desnorteado, não sabia o que fazer da minha vida. Não tinha nem acabado a faculdade. Tudo que eu tinha eram histórias. Meus amigos de infância já tinham se formado e meu irmão estava aprovado em um concurso público. Todos tinham a vida encaminhada, e eu na estaca zero como meia década atrás."

Desesperado, tentou voltar ao mercado de trabalho. Pediu emprego a um de seus amigos que era dono de uma agência. A resposta foi inesperada: "Eu te daria um emprego, mas eu não quero estragar sua vida. Eu não vou fazer isso contigo. Aqui não é seu lugar." Até o amigo enxergava o que já deveria ser óbvio para Beto.

Beto era alguém que naquele momento tinha dificuldade de entender qual era a sua vocação, de encontrar sua essência. Definitivamente trabalhar em uma empresa entre quatro paredes e sem muita liberdade seria voltar para o modo cartesiano das aulas na escola – o que não tinha nada a ver com seu perfil.

A falência da Treelip foi um grande trauma, mas não faria Beto correr para opções mais convencionais. "Eu poderia ter corrido para algo mais estável, mas definitivamente esse não seria eu. Eu me matriculei em um curso de fotografia e comecei a dedicar minha vida a aprender a ser um bom fotógrafo. Estudei o que os melhores fotógrafos do mundo faziam. Como eles tiram a foto, como eles usam a luz, e como o modelo se posiciona."

Isso ainda não era suficiente e não faria ele se tornar um fotógrafo reconhecido: havia um mercado cheio de pessoas com as mesmas técnicas e com mais experiência que ele. Até que mais uma vez sua audácia surpreendeu.

"Eu comecei a mandar meus contatos para todas as empresas relacionadas à moda. Comprava as principais revistas e adicionava todos os nomes que eu via no facebook. Maquiadores, diretores, fotógrafos e modelos. Quando eu começava a postar foto do meu trabalho, as pessoas que curtiam eram justamente aquelas que eu havia adicionado e que tinham tudo a ver com o que eu estava fazendo. Dessa forma, os contatos foram aparecendo e fui convidado para fazer a campanha de uma das maiores fornecedoras mundiais de cosméticos."

Um desses novos contatos acabaria se tornando seu mentor nessa nova investida. Pierre Thomé de Souza era a pessoa certa e estava disposto a ajudá-lo. Não muito tempo depois, estava ele fotografando Will Smith no Hotel Fasano, Oskar Metsavaht, da Osklen, para a Harper's Bazaar, Jaslene Gonzales na Times Square em Nova York, o artista Romero Britto em seu ateliê, o famoso designer Christian Audigier e a atriz Bruna Marquezine em Los Angeles. Vários podem associar seu sucesso como fotógrafo ao fato de ter feito uma marca que gerou status e contatos para ele. Todavia, Beto finaliza dizendo que o único legado que a Treelip deixou foi a maneira como ele aprendeu a buscar o sucesso nas coisas que faz. Entender que primeiro é preciso gostar do que faz e depois trabalhar noites a fio para ser o melhor – e que, dessa herança, a escola não poderia ser a doadora.

PRÊMIOS NOBEL COM PROBLEMAS ESCOLARES

Já sabemos que o Q.I. não é o único fator que leva as pessoas a serem mundialmente reconhecidas como gênios em alguma área da ciência. De certo há diversos outros fatores que tornam isso possível como o esforço, sorte e aspectos culturais. O que não é nada intuitivo e que corrobora ainda mais o que já foi dito é que alguns desses gênios tiveram problemas escolares. Afinal, se é na escola que desenvolvemos nossas habilidades, como vencedores de Nobel podem ter tido dificuldade? Um padrão em quase todos os relatos é de que a falta de liberdade para estudar aquilo que lhe interessa inibe a capacidade de se sentir motivado e, por consequência, a aprendizagem.

Rabindranath Tagore, exímio escritor e vencedor do prêmio Nobel de Literatura, chegou a destacar que sentia sua mente em um invólucro apertado como um calçado chinês comprimindo e machucando sua natureza de todos os lados.[9] Já Bertrand Russell enxergava a escola como uma ferramenta que age em prol do Estado e que não atendia aos interesses das crianças de modo particular como deveria ser.[10] "Uma orquestra precisa de homens com diferentes talentos e diferentes gostos. Se todos os homens insistissem em tocar trombone, a orquestra jamais existiria."

Considerando todos iguais e os tratando da mesma forma, estamos ignorando suas particularidades e aptidões. O primeiro-ministro do Reino Unido durante a Segunda Guerra Mundial, Wiston Churchill, disse que ele não poderia aprender em um ambiente em que suas imaginações e interesses não se encontravam.[11] Albert Einstein também está nessa lista dos descontentes com a escola. Ele declaradamente não achava que aquele ambiente lhe dava a liberdade de aprendizagem de que necessitava.[12] Era capaz de passar horas a fio em um laboratório ou lendo livros complexos de ciência, mas incapaz de executar as tarefas determinadas pelo professor.

No entanto, precisarei ser enfático: ter baixo desempenho na escola não é pré-requisito para ser bem-sucedido. Nosso desempenho não será suficiente para prever se seremos felizes e bem-sucedidos.

QUANDO A ESCOLA É NOSSA ALIADA

Eu não seria tão radical a ponto de jogar na escola toda a culpa de estarmos infelizes com nosso trabalho. Além disso, a escola é imprescindível em várias outras instâncias da vida. Sobretudo porque é nela que formamos nosso caráter e aprendemos a viver em sociedade. E quando o aluno consegue se adaptar bem ao ambiente escolar, sente-se incentivado a desenvolver suas habilidades e interesses.

As crianças estão sempre prontas a aprender, mas nem sempre desejam ser ensinadas. O gênio educador brasileiro Rubem Alves dizia que "as escolas dão a faca e o queijo, mas não despertam a curiosidade das crianças. Só aprende quem tem fome". Isso acontece porque o processo de aprendizagem inicia-se com a vontade da criança de querer aprender. O conteúdo precisa estar em consonância com os interesses do aluno, senão ele ficará entediado facilmente. Galileu Galilei, físico e filósofo italiano, dizia que não se pode ensinar nada a um homem; só é possível ajudá-lo a encontrar a coisa dentro de si.

Quando a criança tem suas aptidões exploradas na escola, por exemplo nas aulas de matemática ou naquela aula de piano que por sorte sua escola oferece, é provável que haja um efeito positivo. Entender os talentos é um papel do professor e dos pais, mas o ambiente precisa responder a esses estímulos.

LARISSA
MACIEL

ATRIZ

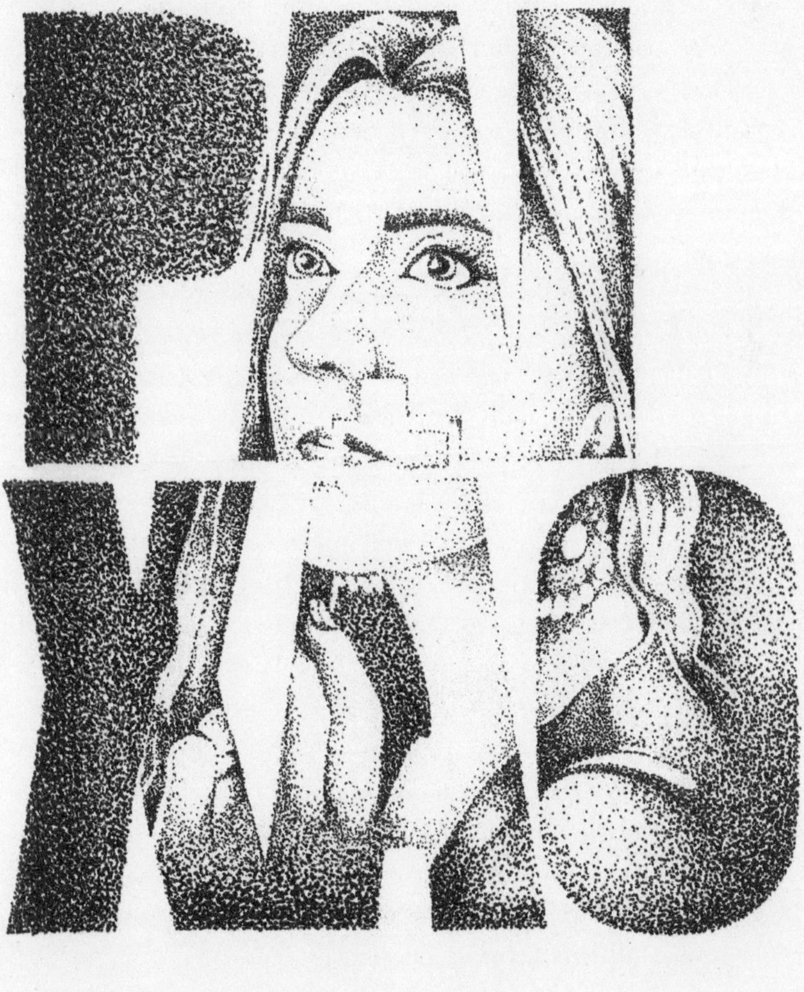

SEGUNDA-FEIRA É DIA DE ESTAR DIANTE DAS CÂMERAS

Desde pequena Larissa já era apaixonada por histórias. Até hoje suas professoras do jardim de infância lembram que ela se envolvia nas historinhas que contavam a ponto de chorar com as mais tocantes e sentir pavor com as mais assustadoras. O drama estava em seu sangue. Essa qualidade inata foi explorada desde cedo na escola, que organizava passeios para levar os alunos ao teatro.

"Eu comecei a fazer aquilo como uma brincadeira. Eu chamava as minhas amiguinhas do prédio e criava uma pecinha, dirigia e era a atriz principal. Mas era uma brincadeira, eu nem sabia que isso era uma profissão, era só a coisa que eu mais gostava de fazer no mundo. E aí eu fui descobrindo depois aos poucos que isso era uma profissão, que eu podia me tornar atriz." Ela vivia o máximo possível aquele prazer que envolvia a encenação e o teatro. Desenvolvia sua habilidade enquanto brincava.

Aos 11 anos, Larissa começou a levar a brincadeira de criança para o lado profissional. "Comecei a realizar workshops, oficinas de teatro e aulas mais práticas. Depois entrei em um grupo de teatro amador, já com 15 anos de idade, e pouco depois veio o vestibular para artes cênicas. Meus pais sempre me deram todo o apoio. Eles nos educaram dizendo a mim e ao meu irmão que deveríamos fazer aquilo que nos faz feliz. Esse apoio foi imprescindível."

Contudo, eles mantinham os pés no chão pedindo que Larissa tivesse outro plano caso aquele caminho que ela estava traçando não desse certo. Mesmo com as incertezas da vida de atriz, Larissa não teve dúvidas. Fez o que precisaria ser feito. "Eu entrei na faculdade com 18 anos. Um ano depois, um professor me convidou para entrar em um grupo profissional que ele dirigia e eu comecei a trabalhar profissionalmente como atriz. Em paralelo com este trabalho, eu queria muito fazer cinema. Sempre adorei assistir a filmes. Na época, não existia nenhum curso de cinema em Porto Alegre. A única coisa que existia era uma especialização em cinema na PUC para quem fazia jornalismo e publicidade. E eles produziam curtas-metragens. Fui lá dizer que eu estava estudando para ser atriz e que eu adoraria participar de alguma forma dos filmes que eles estavam fazendo."

Então apareceram os primeiros trabalhos em comerciais e, já no fim da faculdade, o espetáculo *Menino Maluquinho 2000*, que ficou cinco anos em cartaz. Com a formatura veio o desespero de ainda não ter uma vida estável. "Quando a gente se forma, fica um vazio, porque o tempo que a faculdade ocupava fica ocioso. Para complicar ainda mais, eu só tinha a renda da bilheteria do teatro e seria ilusão viver só com isso. O ator que não é conhecido nacionalmente ou que não possui um bom patrocinador dificilmente consegue se sustentar. Então eu comecei a fazer tudo o que podia. Eu pensava da seguinte forma: 'tenho um bom conhecimento adquirido em todos esses anos de faculdade, sou uma pessoa comunicativa, tenho ferramentas para fazer várias coisas. O que posso fazer com o que aprendi?' E eu adorava fazer o que eu fazia, não queria mudar de profissão por causa de dinheiro. Então comecei a produzir cursos de interpretação, inclusive para a TV, treinamentos empresariais usando técnicas teatrais e também fui mestre de cerimônia para várias empresas. Tudo o que eu podia fazer usando as coisas que aprendi e que gostava de fazer, eu fazia. Esses trabalhos me mantinham, e eu havia prometido a mim mesma que até meus 30 anos eu seria independente da ajuda dos meus pais."

Coincidência ou não, no dia de seu aniversário de 30 anos, Larissa recebeu um telefonema de um produtor da Rede Globo convidando-a para o teste da minissérie *Maysa*, que eles produziriam em breve. Larissa competiu com mais de 200 outras candidatas. "Eu acredito muito que a gente traça o caminho da gente, que a gente escolhe o que vai ser. Comigo sempre aconteceu assim. As coisas que eu imagino que vão acontecer acabam acontecendo de alguma forma. Acho que você canaliza a sua energia para aquilo e dá certo. Aí eu topei fazer o teste."

Ela agradou o olhar crítico do diretor Jayme Monjardim e foi aprovada. Estava então escalada para o papel de atriz principal da minissérie *Maysa*. O trabalho nesse papel foi muito exaustivo. Larissa chegou a trabalhar mais de dezessete horas por dia. "Eu dormia mais ou menos três horas por noite durante os três meses de gravação. Foi um trabalho bem puxado, quando acabou eu estava sem forças." No entanto, todo esse esforço ela qualifica como extremamente recompensador. "Eu estava muito feliz fazendo aquilo. O cansaço sumia quando a maquiagem e o figurino estavam prontos. Trabalhar com o que você gosta tem essa vantangem. Você é feliz fazendo aquilo que está fazendo. Mesmo quando é ruim, é bom."

Passada a minissérie, Larissa ainda atuou na novela *Passione*, também da Rede Globo, em 2010, e ficou quatros anos na emissora até mudar para a TV Record e fazer o papel de Sati na minissérie *José do Egito*, em 2013.

Larissa alcançou um nível de excelência em seu trabalho que é fruto da descoberta de seu talento nos primeiros anos de idade, bem como de seu aperfeiçoamento diário e o apoio dos pais e da escola em todo esse processo. Essa aliança certamente foi muito importante.

PINOS REDONDOS NOS BURACOS QUADRADOS

Gostar do que faz é crucial para sentir-se motivado a seguir em frente. Eu ganhei uma bola de futebol na mesma época em que o Lionel Messi ganhou a dele. Para mim, mais um presente como outro qualquer. Para ele, amor à primeira vista. Paixão arrebatadora. Sua ocupação para o resto da vida. Para mim, dez minutos de encontro a cada semana no máximo. Sabemos que funcionou muito bem para o Messi e não para mim. Eu não conseguia jogar tão bem e nem por tanto tempo quanto ele, porque havia uma diferença entre nossas vidas. Isso não é somente questão de escolha, mas de paixão.

O que o sistema educacional muitas vezes gera são pessoas que não gostam do que fazem porque foram deslocadas de seus talentos inatos. Escolheram a carreira com base em opiniões de amigos, da família, ou porque julgavam-na mais segura. Elas não sentem grande prazer pelo que fazem. Elas suportam, em vez de aproveitar, e esperam pelo fim de semana. A boa notícia é que, ao escrever este livro, encontrei pessoas que amam o que fazem e não se imaginam fazendo outra coisa.

Ken Robinson conta outra uma história sobre um rapaz que sempre sonhou ser bombeiro.[13] Várias crianças têm o mesmo sonho, mas esse caso era especial porque não se tratava de um devaneio infantil. O menino cresceu, assim como a vontade de ser bombeiro, e ele só se deu por satisfeito quando cumpriu seu objetivo.

Na escola, um de seus professores certa vez lhe disse que em vez de ser bombeiro deveria cursar uma faculdade e ser um profissional de sucesso. Optando pela carreira que desejava, ele estaria desperdiçando sua vida. A reação daquele aluno foi ignorar o conselho e seguir adiante.

Alguns anos depois, ao contar essa história ao Ken, o bombeiro disse que, havia pouco tempo, recebera uma chamada durante a madrugada para atender um acidente de carro. Chegando ao local do acidente, ele encontrou um carro totalmente destruído com uma pessoa desacordada precisando de reanimação cardíaca urgentemente. O que ele não esperava era que o homem à beira da morte seria exatamente seu ex-professor, o mesmo que, na boa intenção, tentou afastá-lo do seu sonho.

A escolha de nossa carreira, portanto, não é condicionada ao reconhecimento ou ao valor dos salários, mas ao prazer e significado que retiramos dessa opção. Posicionados dessa forma na sociedade, nós teremos maiores níveis de felicidade por acreditarmos que nossa vida tem sentido e que estamos fazendo algo com propósito.

CAPÍTULO 2

A SOCIEDADE E O PROBLEMA DA ESCOLHA

Na época em que o homem vivia nas cavernas, o único trabalho era a caça. Na Antiguidade, o homem começou a elaborar trabalhos mais específicos a fim de atender às necessidades da vida em comunidade, e assim surgiram as primeiras técnicas de agricultura, artes, alvenaria e carpintaria. Na Idade Média, a gama de opções ampliou consideravelmente com as primeiras universidades criadas pela Igreja Católica. Das cavernas até este ponto, mesmo com o aumento das opções de trabalho, não havia escolhas, porque por todos os lugares existia uma relação senhor-escravo. Nos últimos anos, segundo o Departamento de Trabalho dos Estados Unidos, existem cerca de 840 carreiras diferentes divididas em 23 grandes grupos,[14] já a lista do *Career Planner* aponta 12 mil possibilidades.[15] Somos livres para escolher o que desejamos fazer na vida e, para melhorar a situação, existem milhares de opções. Em um primeiro olhar, isso pode parecer muito bom. No entanto, ainda podemos ser escravos. Não na mesma relação senhor-escravo da Idade Média, mas de nossa própria escolha. Liberdade é poder fazer sua escolha e quanto mais escolhas houver, maior liberdade, certo? Nem sempre.

Tomamos decisões levando em conta o quanto a escolha nos deixará satisfeitos e quão benéfica é a melhor opção. A cada dia tomamos milhares de decisões. Escovar os dentes ou tomar café da manhã primeiro? Arrumar a cama ou sair direto para o trabalho? Vestir a blusa vermelha ou a branca? Levar ou não o guarda-chuva?

Pense agora na seguinte situação: você pretende comprar um carro e tem cinco possibilidades para a faixa de preço que deseja investir. Qual deles você compra e por quê? O primeiro efeito colateral em nossas emoções que esse tipo de situação pode causar é uma ilusão de que fizemos a escolha errada – "Aquele outro carro era muito mais espaçoso que este." Em resumo: muitas escolhas podem minar nossa felicidade.

Por trás dessa ideia está o psicólogo Barry Schwartz. Em *O paradoxo da escolha* Barry explica que o ser humano deseja sempre maximizar suas escolhas, mas quanto mais opções tivermos, menor a chance de ficarmos satisfeitos com o que decidimos. Este é o paradoxo e ele acontece em parte pelo custo de oportunidade que uma escolha oferece. Optar por passar as férias esquiando em Bariloche implica negar as mesmas férias em uma praia em Cancun. No entanto, podemos ser vítimas do pensamento "como seria bom agora aquela praia de águas claras e um sol quente!", caso estivéssemos agasalhados nas montanhas argentinas cobertas de gelo. O autor explica que se neste caso o indivíduo não tivesse escolha, ou seja, se o único lugar fosse Bariloche, a probabilidade de se sentir mais satisfeito seria bem maior. O motivo é claro: ele evitaria pensar na escolha que não realizou.

Portanto, às vezes ter mais de uma escolha pode não ser uma boa ideia. A solução para esse tipo de cenário é que devemos aprender a nos satisfazer com o suficientemente bom. Aquela decisão que foi feita já foi definida e devemos nos alegrar com ela.

Voltando à questão do trabalho, por que agora que temos diversas opções ainda somos escravos? Só no vestibular teremos como opção, mais ou menos, 140 cursos diferentes e sabemos muito pouco sobre eles para decidir qual fazer. Essa situação se torna ainda pior se não há formação superior para aquilo que realmente nos fará felizes.

O QUE VOCÊ FAZ DA VIDA?

Quase sempre, quando conhecemos alguém, não demora muito e vem a tradicional pergunta: "O que você faz da vida?". Em todo curso que começamos, o professor faz a mesma dinâmica: cada um diz o nome e o que faz: "Sou Fulana e trabalho com marketing." O que fazemos da vida passa a ser quase um sobrenome. Revela características imediatas sobre quem se apresenta. Se for um artista, as pessoas tendem a pensar que é alguém mais informal. Se for engenheiro, alguém mais cartesiano e rígido. Esse ritual pode ser devastador se aquilo que fazemos no momento não nos motiva ou se não somos bem-sucedidos ainda. Certa vez em uma aula, um aluno disse: "Sou Thiago e não sou nada." Aquela forma de dizer que não tinha nenhuma profissão chocou as pessoas, pois era como se ele afirmasse que não era ninguém - e nessa hora entendi como a pergunta era vaga.

Muitas vezes escolhemos nossa carreira para nos sentir prestigiados ao revelar às pessoas o que somos. Poder dizer "sou juiz federal" ou ainda "sou desembargador" nos dá uma sensação de poder e realização enorme, mas quem chega lá sabe o quanto é efêmero este sentimento.

É claro que é possível ser feliz nessas profissões, como em qualquer outra, mas é preciso realmente ter vontade de exercer o ofício, e não apenas de ostentar um status. Apostar a sua felicidade em conquistas sem propósito fará você investir em sua vida para no fim perceber que era "só isso".

Além do problema de ancorarmos nossa escolha no prestígio, ficamos também reféns das pressões de nossa família e da sociedade. O medo da reprovação e de ter nossos esforços considerados insuficientes frequentemente está arraigado em nossos relacionamentos com pessoas mais próximas. Pais e mães, irmãos, parceiros, cônjuges e filhos costumam ter fortes ideias do que deveríamos ou não fazer na nossa vida. É claro que podem estar certos e talvez tenham papéis positivos como mentores para estimular nossos talentos. No entanto, às vezes podem estar redondamente enganados. Imagina ter que dizer a eles que você deseja ser um pintor? Ou lutador de MMA?

A modelagem já começa de berço. Quando um bebê nasce, com ele passam a existir novos pais, mães, avós, que impregnam este novo ser de um monte de expectativas. Um nome carregado de significado lhe é atribuído. Até a primeira roupa será motivo de embate entre as pessoas a fim de começar a moldá-lo - ainda mais se os pais torcerem por times de futebol rivais. Esse padrão provavelmente não mudará. Os pais preocupados em afastá-lo das intempestividades do mundo procurarão ditar tudo, da escola a qual carreira seguir. Dirão: "É bobagem você entrar em uma escola de dança, ninguém consegue viver de dança"; "Não pretendo pagar a faculdade para você se formar em artes. Você vai viver de quê?"; "Você é ótimo em matemática, deveria fazer Engenharia."

Um fato que não pode ser ignorado é que um economista realmente tem mais segurança financeira do que um artista ou uma dançarina de balé clássico. Porém, é difícil nos sentirmos satisfeitos quando estamos fazendo algo que não tem significado para nós. Fazer alguma coisa "pelo nosso próprio bem" dificilmente é benéfico se nos afasta de quem somos de verdade. Estarmos conectados a nossa personalidade, interesses e valores nos torna pessoas mais satisfeitas, confiantes, bem-sucedidas e engajadas.[16] O resultado dessa sintonia é uma melhor eficiência em nosso ofício.

Outro motivo que explica a pressão de nossos pais por carreiras mais seguras e foco maior no benefício financeiro é a diferença de tempos que cada um viveu. Se você tiver por volta de 30 anos, você é de uma geração na qual dinheiro não é mais o único objetivo. Você busca a satisfação com a vida no trabalho, ou entre outras palavras, a felicidade. Fazer concurso público poderá ser o seu principal objetivo, mas dificilmente se sentirá feliz se não for para trabalhar no que você realmente quer.

Servindo-me de exemplo, meus pais são da geração dos *baby boomers*, nascido poucos anos após a Segunda Guerra Mundial, já eu sou da chamada "geração y", que veio ao mundo na década de 1980. Duas gerações formadas por contextos mundiais muito diferentes. De um lado o discurso "veja quantas pessoas bem de vida, ganhando salários bons e estáveis", do outro "não serei feliz com um trabalho deste, eu não quero concurso". É quase impossível encontrar um meio-termo entre duas gerações com pontos de vista tão diferentes e tão arraigados.

Judith Rich Harris, mestre pela Universidade de Harvard e exímia escritora norte-americana na área de psicologia, estudou quais fatores influenciam nosso desenvolvimento apontando três principais forças: nosso temperamento, nossos pais e nossos amigos, sendo esta última a variável de maior impacto. Logo, a convergência de ideias entre as pessoas que nos rodeiam pode ter uma influência significativa em nossas escolhas, sendo ainda mais importante a nossa capacidade de filtrar essas informações e decidir o próprio caminho. O que precisa ser feito neste caso é colocar na balança o custo de ignorar a família – caso a visão de mundo seja diferente do que você espera para si – e o custo de desistir dos seus sonhos. A decisão sempre será sua.

MARCOS
SIFU

SURFISTA

SUA SEGUNDA-FEIRA PRECISA SER INSANA

"Você está louco!", essa frase foi a que Marcos mais escutou na vida. Tanto dentro do mar, onde fazia suas acrobacias inovadoras, quanto fora dele, levando uma vida dedicada ao surfe. Ele estava atendendo aos desejos do corpo e da mente. Enfrentar a opinião dos outros e manter-se firme no que gostava de fazer, independentemente se ganharia dinheiro com isso, foi determinante para chegar aonde chegou. Marcos hoje é um surfista mundialmente reconhecido pelas acrobacias inovadoras e com um estilo único de encarar a vida.

Dificilmente a sociedade aceitará que uma pessoa escolha o surfe como profissão. "É uma chantagem de expectativa, porque muitas vezes você deixa de fazer aquilo que gosta porque o pai é contra, a mãe é contra; depois dá errado e você tem que ouvir. Imagina que desgosto? A melhor coisa que a minha mãe fez pra mim foi falar: 'você não está aqui para atender à minha expectativa nem à do seu pai ou à da sua namorada, você está aqui para atender às suas. Você quer sair da faculdade? Problema é seu.'"

Marcos fazia marketing e estava no sexto período. Decidiu abandonar quando se deu conta do futuro que teria se continuasse naquele caminho. "Se eu não saísse, eu iria terminar no centro da cidade e eu não queria de forma alguma este fim. Estagiando, atrás da mesa, dedicado a um trabalho no qual eu seria com certeza incompetente."

Marcos usa a mesma relação de medo/coragem dentro d'água e na vida. Ele encara de forma ímpar o seu controle diante das incertezas e perigos que poderiam surgir com a desistência da faculdade. "Aprendi com meu cachorro que o medo é algo que existe apenas em nossa cabeça. Eu adoro arremessar galhos para ele. Quando eu jogo um galho no mar, ele tem um pouco de medo das ondas, porque ele já tomou caldo. Mas tem um lugar aonde eu o levo que tem uma boca de rio, e de vez em quando eu jogo o galho lá, em vez de no mar. Ele adora e não tem medo nenhum. Só que esse rio é cheio de crocodilo, e ele não está nem aí. Então eu acho que isso vem dos pais também. Eu sou o pai dele, e não falei pra ele que tem crocodilo ali; só estou incentivando, ele está adorando e nada aconteceu. Grande parte das nossas preocupações nunca vai acontecer. Os pais fazem isso. Eles botam os medos: 'olha, ali tem crocodilo, ali tem onda.' E você acaba não fazendo. Talvez se você não soubesse que aquilo pode dar errado, você iria até lá e faria."

O resultado das suas escolhas impactará significativamente na sua felicidade. Atender a sua essência, e nem por um segundo ignorar o medo, é o que mais deve importar.

"Fui muitas vezes criticado pela minha família e pelos meus amigos. Ouvi amigo meu falando: 'você está maluco, você nunca vai ser surfista'. E eu não pensava em ser surfista, eu estava surfando. Fazia aquilo o tempo todo porque me fazia bem, até que uma empresa quis me patrocinar e aquilo foi crescendo, e eu fui me ajudando. Eu não estava pensando em retorno, eu estava pensando em viver, em viajar, eu queria sentir o gosto daquilo ali, eu queria saber como era a vida das pessoas que escolheram surfar."

Os mais críticos poderão alegar que é muito mais fácil quando temos quem sustente nossos sonhos. No entanto, muitas pessoas têm a mesma oportunidade e a renunciam. Abrem mão de seus sonhos mesmo tendo todo respaldo possível. Ele soube encarar as incertezas e seguiu em frente.

Marcos tinha uma situação financeira que o permitia se dedicar ao esporte por um tempo, mas não por toda a vida. Ainda que não visse o trabalho como fonte de renda, de alguma forma ele teria que fazer dinheiro com o surfe. De louco a bom exemplo, Marcos tinha se tornado famoso e marcas o patrocinavam. Com essa virada, vem a eterna preocupação com a vida, com o dia a dia.

"O fim é hoje, não é? Por que não? A felicidade só vai me interessar hoje, porque se hoje eu estiver depressivo sabendo que eu ficaria feliz lá na frente, eu não sei se chegaria lá na frente e como chegaria. E eu vejo vários amigos que me criticavam e hoje em dia sentem orgulho pelo meu êxito."

Marcos entende que devemos buscar realizar nosso sonho, e não seguir uma carreira só pelo status. Hoje algumas pessoas buscam uma motivação extra e que pode ser fantasiosa. “Não se deve fazer nada pelos outros, fazer algo para postar no seu instagram ou no seu facebook, e sim porque você quer fazer. Tentar seguir os motivos certos, que a sua intuição e o seu coração mandam. Porque será legal. Às vezes você não sabe por que, mas quer muito. Só o fato de querer muito já é o bom motivo que você precisa.”

Uma amiga dele que hoje é médica contou-lhe sobre sua decepção: “Ela queria ter sido arquiteta. Eu perguntei pra ela: ‘por que você não fez arquitetura?’, e ela respondeu: ‘meu pai achou que eu seria uma boa médica e por isso segui esta carreira.’”

Perseguir nossos sonhos faz com que exploremos verdadeiramente nossa essência. Marcos, quando não está surfando, transmite campeonatos para a televisão, pratica skydive e ajuda na AdaptSurf, ONG que ele ajudou a fundar. Essa instituição hoje auxilia 350 pessoas com deficiência física a aprimorar sua mobilidade pelo contato com a natureza. O modo de vida de Marcos inspira as novas gerações e muda as pessoas.

SONHOS À VENDA

A busca excessiva por dinheiro nos leva a escolher profissões mais bem-pagas, mesmo que para isso precisemos pagar com todo nosso tempo e vida. Somos bombardeados por todos os lados com a necessidade de consumir e a felicidade constantemente é comparada a ter uma Ferrari na garagem, uma esposa perfeita e uma casa com vista para praia. Esse estilo de vida é incapaz de nos satisfazer completamente. Pelo contrário, deixa um completo vazio porque no instante em que atingimos nosso objetivo, passamos a ansiar mais. No livro *Luxury Fever* (em tradução livre: *Febre do luxo*), Robert Frank conta que o bem-estar gerado pelo consumo de produtos é de curto prazo. No entanto, investir em experiências que envolvam pessoas produzem maiores níveis de prazer, significado e ainda são mais perenes.[17] Ryan Howell, professor de psicologia da Universidade do Estado de São Francisco, fez um estudo com 154 pessoas mostrando que experiências são mais efetivas porque, segundo ele, os indivíduos se sentem mais vivos. A euforia por ter comprado um celular novo ou um carro dura no máximo três meses, conta Howell.

Uma vez inseridos em um patamar de vida de consumo desenfreado, ficamos eternamente reféns da decisão que tomamos, pois mudar pode significar um provisório ou eterno afastamento do padrão de vida já atingido. Como vou largar o meu salário de 10 mil reais para fazer o que amo, mas que não me pagará tão bem? No entanto, sermos felizes em nosso ofício precisa ser prioridade, por mais que isso nos custe algumas privações iniciais.

CORAGEM

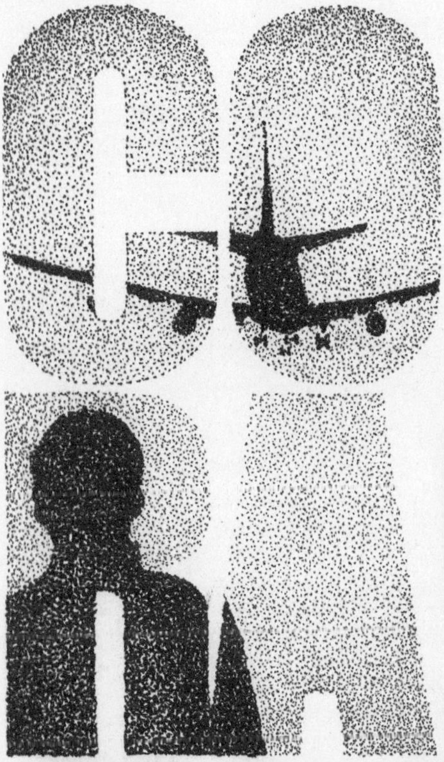

RENATO COELHO

PILOTO DE AERONAVES

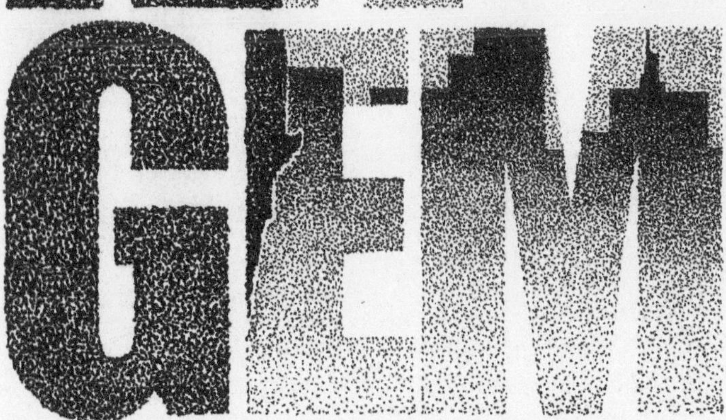

SUA SEGUNDA-FEIRA É NO CÉU

Renato sempre alimentou o sonho de ser piloto de aeronaves, algo que só conseguiu depois de passar por muitos obstáculos e reviravoltas. Foi preciso coragem para enfrentar um dos maiores desafios desta decisão: abrir mão de um bom salário e da estabilidade em uma empresa pública pela paixão de uma profissão instável que não remuneraria tão bem por algum tempo.

Quando jovem, já de posse de uma licença de piloto privado – primeiro passo na carreira de um piloto – fora orientado pelo pai a primeiro fazer uma faculdade para depois prosseguir neste sonho. "Meu pai falava que era uma carreira insegura. Que você precisa ter ensino superior, caso a empresa quebre ou você seja demitido. Fazer uma faculdade me ajudaria a ter uma opção caso alguma coisa desse errado." Renato seguiu os conselhos do pai e foi fazer engenharia. Logo após a formatura, inscreveu-se, sem muitas pretensões, em um concurso para analista de sistemas de um banco público. Por sorte – ou azar – do destino, grande parte do que foi exigido na prova coincidiu com o que ele havia aprendido nos últimos semestres da universidade. Ele então foi aprovado e chamado para este novo emprego, com excelente remuneração, plano de carreira atraente, e estabilidade. Nesta época, a aviação comercial atravessava grave crise, tornando praticamente inútil qualquer esforço de perseguir uma carreira neste setor.

Começou sua vida no trabalho novo, mas em pouco tempo já não estava satisfeito naquele ambiente. "O concurso é muito legal para quem quer tranquilidade. Eu não me realizava naquilo. A minha satisfação profissional não estava ali, onde todo dia era a mesma coisa, onde não havia estímulo, não havia desafio e não havia reconhecimento." Não demorou muito e a inquietação aumentou; a vontade de ser piloto voltou a falar mais alto. No entanto, essa decisão implicaria abrir mão de todos os benefícios que o concurso lhe proporcionava. "Quando eu comecei a falar em sair, vários outros colegas também expressaram uma grande desmotivação e um desejo por novos desafios. Hoje, dez anos depois, ainda estão todos lá." Nas palavras de sua esposa Carla, "o Renato tinha dentro dele uma coisa que estava acima de tudo, que era querer ser piloto. Em qualquer lugar em que estivesse, ele ia dizer que não estava feliz, porque não estava pilotando um avião".

Nesta fase, com a vida toda organizada, esse tipo de opção teria impacto em todos os projetos para o futuro. Um bom emprego na aviação proporcionaria metade ou um terço do salário que ele ganhava. Mas antes disso seriam necessários alguns anos em empregos com pouca ou nenhuma remuneração, para adquirir a experiência necessária – e até estes estavam escassos!

Não havia outra coisa a fazer a não ser aguardar uma boa oportunidade aparecer. E apareceu na forma de um processo seletivo para uma grande empresa nacional.

"Para concluir os treinamentos que faltavam e as etapas da seleção, o jeito era ir conciliando com o meu emprego estável, pedindo folgas para estudar, dias de férias para viajar e para fazer prova. Você vai dando o jeito que pode." A seleção foi concluída em agosto de 2001, com admissão prevista para outubro. Um mês antes, os imprevisíveis atentados terroristas de 11 de setembro nos Estados Unidos causaram um abalo tão grande na aviação que a poderosa empresa suspendeu todos os planos de contratação, e acabou indo à falência um tempo depois. "Este acontecimento acabou com meus planos naquela época. Foi um balde de água fria!"

Outra oportunidade de ingressar na aviação comercial só apareceria dois anos depois, agora para uma pequena e iniciante empresa regional. Mas a paixão dele é pelo ar, pelo avião, não importa o tamanho. A opção de voar tinha se tornado irreversível, porém, o risco ainda era enorme! Para minimizá-lo, Renato pediu uma licença não remunerada no banco. "É como a rede de proteção para o trapezista: está lá para não ser usada. O trapezista salta para chegar ao outro lado, não para cair na rede. Mas sabendo que ela está lá, ele salta com mais segurança. E, se a mão escapar, ele até cai, mas não morre."

Dessa forma devem ser suas atitudes quando você pretende mudar de carreira. Nem toda transformação precisa ser coberta de riscos e incertezas. Você deve firmar o pé antes de completar o passo e, se precisar saltar, use algum tipo de rede de proteção.

Deu tudo certo, e Renato disse adeus ao emprego estável para aceitar o emprego na então pequena companhia regional. Ficou por lá cinco anos até se mudar para outra companhia aérea brasileira, onde trabalha há seis anos. E a licença não remunerada? Expirou. Mas não precisaria mais da rede de proteção: agora já podia voar!

Depois de mais de dez anos voando em jatos, em rotas internacionais, Renato finalmente recebe um salário próximo ao que recebia no emprego público, apesar de não ter nenhuma estabilidade, mas com uma impagável vantagem: é feliz em seu trabalho. "Não espalhe, mas o meu trabalho é o mais prazeroso de todos! Ser piloto é a melhor coisa do mundo. E ainda recebo para isso!"

SONHOS ESQUECIDOS E A VIDA NO PAPEL

Não gostar do ambiente educacional no passado e amá-lo profundamente no presente era um paradoxo que eu precisava entender melhor. Era um trauma de infância de um louco ou realmente as pessoas se sentem perdidas quanto aos seus sonhos? O bom de ser professor é que você dispõe de muitas "cobaias" para ajudá-lo com essa questão – e, obviamente, ajudá-los também.

Logo na primeira aula cada uma das minhas sete turmas de Administração discursei sobre a importância do sonho e a escolha de nossa carreira, algo que os alunos nem sonhavam ouvir de um professor naquele momento. O tipo de aula que não cai em prova escrita, mas serviria para cada um avaliar se as decisões que havia tomado até ali foram sábias. No contexto de optar pelo que deseja trabalhar na vida, entreguei uma folha a cada um dos quase 300 alunos convidando-os a responder:

1 - O que fiz da vida até hoje? Escreva sobre sua vida profissional e, se achar necessário, sua vida pessoal.

2 - Qual é o meu sonho? Fale sobre o que te faz feliz e o que você gostaria de fazer a vida inteira.

Alguns escreveram apenas o suficiente para responder à pergunta, enquanto outros precisaram de mais folhas – eram pessoas que precisam dizer o que pensavam a alguém, e encontraram naquele momento uma boa oportunidade para isso. A constatação foi que mais de 90% dos meus alunos não tinham uma ideia concreta do que gostariam de fazer pelo resto da vida ou que não sabiam o que fariam com o diploma do curso que estavam prestes a concluir. Entende-se por ideia concreta uma descrição clara, como um de meus alunos respondeu: "Escolhi Administração porque meu sonho é ter a minha própria empresa. Eu quero empreender e o curso que estou terminando me ajudou muito a realizar este sonho."

O que li foram respostas totalmente diferentes. Uns disseram que sonhavam ter estabilidade financeira, outros, constituir família e serem felizes, fugindo da questão do trabalho. Outros ainda deixaram escapar que foram levados até aquele ponto. "Eu tinha mesmo vontade de ser dançarina, mas todos sabem que isso não dá dinheiro", ou então "comecei a fazer o curso de Direito, mas não gostei. Então fui fazer o de Física porque o vestibular era fácil, mas acabei em Administração porque tem muito concurso nessa área". Em um diálogo da clássica obra *Alice no país das maravilhas*, de Lewis Carroll, um gato pergunta a Alice: "Para onde você quer ir?". E ela diz: "Não sei, estou perdida." Em seguida, o gato completa: "Para quem não sabe para onde vai, qualquer caminho serve."

Na pele de Alice estão meus alunos e tantos outros que vagam por cursos, especializações e opções de trabalho desconectados de quem realmente são. Estava ali, diante de meus olhos, portanto, um reflexo claro da educação que tiveram (dentro e fora da escola) e do caminho que foram levados a seguir. Alan Watts, filósofo inglês, fez perguntas intrigantes a um grupo de estudantes: "O que você faria se o dinheiro não existisse? Como você gostaria de viver sua vida?" As respostas que obteve seguiram o mesmo padrão de retorno que tive com os meus alunos. O medo e a cegueira atingem um grande número de pessoas quando o assunto é escolher a própria carreira. O que Watts diz aos ouvintes, em sequência, é inspirador: "Quando se chega a algo que o indivíduo diz que realmente quer fazer, eu digo a ele: 'Faça isso e esqueça o dinheiro.' Porque se você disser que conseguir dinheiro é a coisa mais importante, você viverá sua vida desperdiçando completamente o seu tempo. Você fará coisas que não gosta e viverá uma vida que não gosta. Isso é estúpido. Afinal, se você realmente gosta do que está fazendo, não importa o que seja, você se tornará mestre nisso e poderá ganhar dinheiro."

Ler todas as respostas foi esclarecedor sobre o problema que tinha à frente, mas eu precisava tentar ajudá-los de alguma forma. Escrevi uma carta-resposta a cada um deles dando minha opinião de acordo com o que tinham me dito. Uma das coisas que mais escrevi foi sobre entendermos a diferença entre as escolhas de recompensa intrínseca ou extrínseca.[18] Escolhi ser juiz federal porque decidi exercer a função da justiça (intrínseco) ou porque desejo o status social (extrínseco)? Quis fazer engenharia pelas oportunidades do mercado de trabalho e salariais (extrínseco) ou porque acho fascinante poder construir prédios (intrínseco)?

Tendo em mente que a realidade não é algo tão planejado assim, tratei de ser lúcido com os casos mais complicados. Muitos não podiam simplesmente abandonar tudo e mudar de vida por questões financeiras, nestes casos seria utópico manter o discurso de "vá fazer o que ama". No entanto, eu sabia que todos eles tinham a capacidade de tomar as rédeas da vida e provocar suas mudanças, ainda que a longo prazo. Se isso de fato acontecesse em pelo menos uma das 300 respostas, eu teria mudado uma vida e então todo o esforço de vários dias teria valido a pena. Com essa experiência, ganhei muito mais do que cada um que leu minha resposta. Ali eu decidi que estudaria a fundo as influências que nos levam a ter uma segunda-feira sem prazer e propósito. Nascia daí a ideia do livro e a felicidade de escrevê-lo.

PARTE II

PALPITES (PROVAVELMENTE) ERRADOS

"Aquele que não está contente com o que tem não se contentaria com o que gostaria de ter."
Sócrates

Rotineiramente colocamos nossa felicidade em conquistas da vida e acreditamos que seremos plenamente realizados quando atingirmos determinados sonhos. Sonja Lyubomirsky, pesquisadora da Universidade da Califórnia, chama isso de "mitos da felicidade", título de seu livro.[19] Nada mais é do que a noção de que "seremos felizes quando..." recebermos a promoção tão desejada no trabalho, tivermos um carro melhor do que o do vizinho ou mesmo depois do primeiro milhão. Isso também não quer dizer que a realização de tais sonhos não nos deixará felizes. É muito provável que aumente nosso bem-estar e o nível de felicidade, mas não terá a duração nem a intensidade que havíamos esperado. O mesmo acontece quando esse mito passa para o lado negativo, que é tão falso quanto o positivo. Temos a crença também de que "não poderei ser feliz se...". Quando as coisas vão mal, tendemos a achar que este cenário não mudará ou então que estamos no fundo do poço e que jamais sairemos de lá. No entanto, um estudo recente mostrou que a máxima "aquilo que não nos mata, nos fortalece" está corretíssima.[20] Pessoas que passaram por momentos críticos são mais felizes do que aquelas que não vivenciaram nenhuma adversidade. Os contratempos da vida, quando superados, nos fortalecem e nos deixam mais bem-preparados para lidar com novos desafios.

CAPÍTULO 3

AS DIVERSAS ARMADILHAS

Ninguém é tão feio como aparece na carteira de identidade, tão bonito e feliz como no facebook, tão simpático como no twitter, tão sociável como no whatsapp, tão legal quanto no snapchat, nem tão bom quanto no curriculum vitae. O resultado de tantas formas de nos expor é a constante cobrança por sermos felizes - ou pelo menos aparentarmos. Com a rede social tão ampla - seja quem formos - sempre veremos pessoas mais bonitas, mais inteligentes e com mais dinheiro que nós. A comparação social é um fenômeno inevitável, incorporado ao nosso comportamento. Sobre este comportamento humano, Sara Solnick e David Hemenway fizeram um intrigante estudo mostrando que a grama do vizinho provavelmente é sempre mais verde. Em sua pesquisa, eles mostram que as pessoas prefeririam viver em um mundo no qual recebessem um salário anual de US$50 mil enquanto as outras recebessem US$25 mil, do que um salário anual de US$100 mil enquanto as outras contassem com um de US$200 mil.[21] Da mesma forma, Daniel Zizzo e Andrew Oswald demonstraram que as pessoas prefeririam doar parte de seu próprio dinheiro se isso significasse que as outras pessoas teriam menos.[22]

Em resumo, são muitas as razões pelas quais nos acostumamos a ter dinheiro, e as consequências de tal quadro são inconvenientes. Dan Gilbert mostrou que os americanos que ganham anualmente

US$50 mil dólares são muito mais felizes do que aqueles que ganham US$10 mil, mas os que ganham anualmente US$5 milhões não são muito mais felizes do que aqueles que ganham US$100 mil[23] – dessa forma o impacto da riqueza na felicidade parece atingir um teto.

A todo tempo somos banhados de informações que nos levam a nos comparar com os demais. Em qualquer bate-papo é inevitável o paralelo com amigos, parentes e desconhecidos. Nós não nos perguntamos: "Será que a carreira que terei satisfará minhas necessidades?". Na verdade o que nos perguntamos, ainda que inconscientemente, é: "O que faço hoje e o que tenho são melhores do que as pessoas ao meu redor fazem e têm?". Um recente experimento realizado por pesquisadores da Universidade de Cornell e da Califórnia em parceria com o facebook mostrou que nosso humor é afetado pelo que nossos amigos compartilham na rede social.[24] Quando as pessoas tinham acesso a menos conteúdo positivo, elas postavam também menor quantidade de assuntos positivos e mais conteúdo negativo. Logo, o mesmo aconteceu quando se reduziu a exibição de conteúdo negativo, os participantes passaram a produzir menos informações negativas e mais assuntos positivos.

Há uma disputa acirrada para ver quem é, ou aparenta ser, o mais feliz, o mais famoso ou o mais capaz. O que importa nesse jogo não é o quão bem-sucedido somos, mas como estamos em relação aos demais. O efeito mais perceptível desse fenômeno é a geração "tudo por uma curtida" que está surgindo nesta era. As pessoas se expõem cada vez mais em busca de mais "curtidas e compartilhamentos". Virou moeda de aceitação social e de status. O efeito disso é prejudicial tanto para quem se expõe quanto para os que assistem. A pessoa que experimenta o prestígio e se alimenta dele jamais se saciará por muito tempo e buscará sempre alcançar outros limites para experimentar novamente essa sensação. Este indivíduo lutará por mais curtidas. Os que observam acabam se comparando e provavelmente isso altera a maneira como se sentem.

Em um estudo, dois voluntários foram colocados em salas individuais. Foi solicitado que fizessem uma apresentação de fantoche para um espelho, como se estivessem passando uma lição de amizade a alunos da primeira série. Ao final, um dos voluntários foi levado a acreditar que sua nota tinha sido dois em um máximo de sete pontos e, portanto, muito baixa. No entanto, seu colega tinha sido ainda pior do que ele. Na segunda dupla de voluntários as notas foram diferentes. Neste caso, o primeiro voluntário foi levado a acreditar que tinha se saído muito bem, mas que seu colega tinha sido ainda melhor do que ele. O surpreendente vem agora: a pessoa que tirou nota alta deveria ficar mais feliz do que o grupo que tirou notas inferiores, certo? Errado. O voluntário que tirou nota baixa, mas acima do outro participante, ficou mais satisfeitos com a nota do que a pessoa que tirou nota alta, mas sabia que sua dupla havia sido melhor.[25] O raciocínio é: ter se saído mal no experimento não é ruim, desde que todos tenham sido ainda pior. Agora, de que adianta tirar nota alta se alguém foi melhor? Não é bom o suficiente.

Constantemente somos deparados com a posição de comparação que traz relativo desconforto por "não termos essa vida que desejamos". No entanto, nem imaginamos que pode ser um disfarce. Essas pessoas aparentemente felizes muitas vezes escondem problemas familiares e uma tristeza extrema. Nos jornais, revistas, televisão e internet a vida sempre parece ser mais bonita e perfeita. É uma armadilha enxergar desta maneira. Todos possuem anseios, preocupações e aborrecimentos em algum nível. O que ditará o nível de felicidade da sua vida é a duração e por quantas vezes experimentará emoções positivas e negativas.

MEDIDOR DE FELICIDADE QUE NÃO FUNCIONA

Provavelmente ninguém acorda pensando "hoje eu quero sofrer". Isso significa que, de algum modo, todos nós queremos ser felizes e procuramos evitar o sofrimento. Só que nem sempre sabemos lidar bem com isso.

Decididos a provar que estamos muitas vezes enganados sobre nossas emoções e como nos sentiremos se algo bom ou ruim acontecer, os pesquisadores Tim Wilson, da Universidade de Virginia, e Dan Gilbert, da Universidade de Harvard, mostraram que nosso maior erro é superestimar por quanto tempo e com que intensidade um acontecimento negativo (como um diagnóstico de uma doença incurável ou sermos demitidos de um emprego que amamos) nos fará cair em desespero, e por quanto tempo e com que intensidade um acontecimento positivo (ganhar estabilidade vitalícia ou ter nosso pedido de casamento aceito) nos deixará imensamente alegres.[26]

A verdade é que exageramos o efeito que uma mudança de vida terá sobre a nossa felicidade porque não conseguimos prever que não ficaremos pensando nisso. Em outras palavras, quando tentamos prever o quão chateados ficaremos após o término de um relacionamento ou o quanto ficaremos felizes depois de finalmente conseguir o dinheiro para comprar a tão sonhada casa de praia, por exemplo, deixamos de considerar que durante os dias, semanas e meses posteriores ao acontecimento em questão haverá a interferência de muitos outros fatores que servirão para dosar nosso prazer ou atenuar nosso sofrimento.

Nessa mesma linha de raciocínio, Philip Brickman, professor e pesquisador da Northwestern University, e seus colegas propõem a você escolher um entre dois possíveis destinos que alterariam o curso de sua vida.[27]

( ) Ganhar na loteria

( ) Ficar paraplégico em um acidente

Darei um momento para que pense e escolha com toda a certeza. Já tem a resposta? Eu chutaria que você escolheu a primeira. Só que há algo interessante no que os pesquisadores constataram e eu gostaria de compartilhar com você. Esperamos que os níveis de felicidade dos dois grupos sejam totalmente distintos após o ocorrido; afinal, um ganhou uma significativa quantia em dinheiro, enquanto o outro passou a ter mais obstáculos na vida. No entanto, pouco tempo depois, os vencedores da loteria, os paraplégicos e as outras pessoas atingiram o mesmo nível de felicidade.

As pessoas se surpreendem com o nível de felicidade que os paraplégicos podem alcançar, mas isso acontece porque eles não pensam em sua deficiência todo o tempo. Lars Grael, velejador medalhista olímpico e que teve a perna amputada por um acidente em 1998, conta em uma entrevista: "Sou mais feliz do que pensa a maior parte das pessoas que me veem na rua e me consideram um coitado."[28]

O que deficientes físicos fazem após seus traumas é enxergar a vida de forma diferente, dando às vezes mais valor às refeições em família ou à maior proximidade com seus amigos, uma vida mais leve e sem tanta cobrança. Eles passam por um processo de realocação da atenção.[29]

Nos Estados Unidos há mais gente fazendo apostas na loteria do que votando. Há uma crença fortíssima que seremos eternamente felizes se acertarmos todos os números do jogo, mas, passado o êxtase da vitória, eles descobrem que não era nada do que achavam. Nossa mente passará a ansiar por outros benefícios. Contudo, não significa que quem é rico não é feliz. Ter o privilégio de satisfazer seus desejos e necessidades é de fato um ampliador de nossa satisfação.

Dan Gilbert diz que ganhar ou perder um jogo, começar ou terminar um namoro, passar ou não passar no vestibular e tudo o mais tem muito menos impacto, magnitude e permanência do que achamos que realmente tenha.

Em 2013, eu estava em Madri cursando minha especialização e conheci dois estudantes da Universidade de Cambridge recém-aprovados no doutorado em Administração – um sonho que facilmente poderia ser o meu. Maravilhado por conhecer pessoas tão competentes, fiz inúmeras perguntas para conhecê-las melhor. Eles me contaram que ficaram muito felizes de terem passado no duro processo seletivo para o doutorado, para o qual estavam se preparando havia dois anos, mas que agora já não estavam tão satisfeitos por causa da carga do curso. Eles estavam virando noites tentando ser os melhores, mortificando-se por aquele desejo. Eu não conseguia entender como alguém que tinha passado em um disputadíssimo processo seletivo pudesse estar triste. Uma pesquisa feita ano a ano pela National College Health Association revela que 45% dos estudantes apresentam níveis altos de estresse e 80% dizem que estão sobrecarregados.[30] Duas variáveis ajudam a explicar este efeito. A primeira e mais evidente é o quanto um curso de graduação e pós-graduação exige desses estudantes, deixando-os estressados sem que haja tempo hábil para recuperação. O segundo ponto, e não tão claro, é que esses estudantes sobrecarregam-se de tarefas porque passam a ansiar pela excelência. Por terem sido aprovados em escolas top do mundo, eles são muito competitivos. Não só visam aproveitar o ambiente acadêmico, mas também assumem o compromisso exagerado de serem os melhores. A dedicação para atingir níveis altos de desempenho deveria alegrá-lo pela busca em si e não por questões de status. E isso vale para qualquer outro objetivo profissional.

O poder que nossa mente tem de nos enganar não se limita apenas ao campo da intensidade de nossas emoções. Shawn Achor, professor e pesquisador de Harvard, descobriu quando criança mais uma dessas armadilhas, o que o ajudou muito a escolher sua carreira. Ele se apaixonou por psicologia, sem saber, no dia que sua irmã caiu da cama.[31]

Achor tinha 7 anos e sua irmã tinha 5 quando se preparavam para a batalha do século no beliche do quarto deles. A guerra com seus brinquedos começou e, no calor das emoções, Amy caiu do beliche de cima com um baque no chão. Muito nervoso e preocupado, Shawn olhou pelo canto da cama para ver se estava tudo bem com sua irmãzinha. Afinal, era sua irmã mais nova e ele tinha sido encarregado de tomar conta dela enquanto seus pais tiravam um delicioso cochilo – acordá-los não seria uma boa ideia.

Assustada, Amy olha para Shawn pronta para chorar em um volume suficientemente alto para acordar toda a vizinhança, até que mente criativa de um jovem garoto de 7 anos tenta salvá-lo daquela enrascada: "Amy, espere aí! Espere. Você viu como você caiu? Nenhum ser humano cai de quatro assim. Você é um bebê unicórnio!". Foi uma sacada de mestre! Achor sabia que nada no mundo despertava mais o desejo da pequena Amy que ser um unicórnio mágico. A vontade de berrar congelou na garganta da irmã enquanto a confusão dominava o rosto dela. Ela não sabia se o seu cérebro se concentrava na dor física ou na grande empolgação de ter descoberto sua identidade de unicórnio. Felizmente para o irmão, venceu a empolgação. Em vez de chorar, Amy estava sorridente e pronta para continuar a brincadeira, agora sabendo que era um bebê mágico.

O que Shawn Achor ensina com essa história e toda a vanguarda da ciência que estuda o cérebro humano é que, apesar de naturalmente não ser possível mudar a realidade só pela força de vontade, podemos usar nossa mente para mudar a forma como processamos o mundo. Encarar os eventos da vida de forma pessimista ou otimista não alteram os fatos, mas promove mudanças no presente que serão sentidas no futuro.

CUIDADO COM ESSA HISTÓRIA DE SER FELIZ

Em uma de minhas aulas na graduação, um aluno veio dizer que tem vivido uma espécie de ditadura da felicidade, em que todos tinham que ser felizes. Todas as pessoas a sua volta pareciam ser felizes, menos ele. Aquilo o deixava angustiado, porque se sentia como um peixe fora d'água. Antes de qualquer outra coisa, é necessário esclarecer aqui que não somos obrigados a ser felizes o tempo todo. A felicidade não é como nas revistas, na televisão ou nas redes sociais. Os jogadores de futebol sofrem contusões e passam por más fases, professores se estressam com questões acadêmicas e os músicos sofrem com plateias pouco entusiasmadas.

Pode acontecer também de estarmos na carreira certa, mas na empresa errada. Algumas corporações valorizam pouco seus colaboradores ou acreditam que o baixo salário que oferecem é suficiente para mantê-los felizes ou mesmo motivados. Na contramão deste pensamento tradicional está Fabiano Leoni e o "Departamento da Felicidade", setor criado por ele na empresa onde trabalha. A principal responsabilidade desta divisão é motivar os funcionários sintonizando-os com os valores da corporação e dar foco total ao bem-estar do indivíduo.

"Aqui procuramos colocar os sonhos de pé e promovemos momentos inesquecíveis. Cada novo dia é visto como mais uma oportunidade de fazer alguém sorrir ou se emocionar enquanto trabalha. Não conta para ninguém, mas sempre que isso acontece eu fico ainda mais feliz do que eles." Contudo, há situações que vão além do nosso controle, como a perda de um ente querido, o final de um relacionamento ou uma demissão. A melhor atitude que podemos ter é viver essa experiência e entender que é passageira. Tentar suprimir os sentimentos negativos só vai intensificar o sofrimento, o que definitivamente não é a melhor saída.

É imprescindível entender o nosso nível de satisfação com nossa vida sempre estará sujeito a oscilações, não importa a escolha feita. Há fases da vida que fogem ao nosso controle e devemos encará-las com naturalidade. Ao mesmo tempo, existem todas as situações nas quais temos pleno poder de decisão e ação, liberdade para determinar quais serão os próximos passos e o que estamos destinados a fazer. Este livro tem o objetivo de ajudá-lo a fazer exatamente isso. No entanto, obrigar-se a ser feliz todo o tempo pode ser um martírio. Isso gera uma angústia que torna a vida confusa e, em vez de ajudá-lo a encarar uma busca coerente pela felicidade, o levará a difundir-se em múltiplos caminhos desconectados de você.

CAPÍTULO 4

ENGANADO O TEMPO TODO

Nasce o primeiro dia de janeiro de 2011. Os fogos de artifício tomam conta da praia de Copacabana, deixando o céu coberto por luzes coloridas, enchendo todos que assistem ao espetáculo de esperança para o ano que se revela. Neste momento é normal que as pessoas meditem sobre as coisas da vida e o ano que se passou. Em mim, despontava um profundo pensamento sobre como eu tinha levado minha vida até aquele ano. Eu havia feito quase tudo visando à recompensa instantânea e com o mínimo de interesse no futuro. Não tinha avançado praticamente nada desta forma e sentia que os prazeres que recebia também não me preenchiam. Pelo contrário, eu sempre ansiava por mais e nunca me sentia plenamente satisfeito.

Tinha ficado muito claro para mim: você precisa reduzir drasticamente essa vida hedonista para alcançar seus objetivos. Eu decidi que até o próximo Ano-Novo eu me formaria na faculdade, estagiaria em uma empresa grande e passaria no mestrado. Começaria um ano de muito trabalho e pouquíssima diversão, diferente de tudo que eu tinha vivido. Ajudou-me muito um método que eu mesmo criei, descrito na última parte deste livro – mas não garanto que vá funcionar para você.

O que estava por trás desses dois momentos muito distintos de minha vida era um dilema que acompanha a raça humana há muito tempo e que pode nos ajudar a entender a felicidade. Damos valor ao agora ou ao futuro? Vivemos aproveitando o momento ou seguindo o lema "sofra agora, ganhe depois"? Entender o que está por trás desses dois modelos de vida é crucial para perceber que a felicidade não é nenhum dos dois, mas os dois em uma medida específica.

AMANHÃ TE ENCONTRO, FELICIDADE

No filme *A era do gelo*, o esquilo Scrat passa todo o tempo atrás de uma noz. Ele é capaz de fazer qualquer coisa para consegui-la e, toda vez que finalmente a alcança, algo acontece, e ele a perde. O mesmo pode ser observado na história do homem que tem às suas costas uma vara com cenoura na ponta, pendendo à sua frente; sem saber que é impossível agarrá-la, passa a vida inteira tentando. Ben-Shahar, professor da disciplina com a maior quantidade de alunos em Harvard, costuma chamar isso de "rato de laboratório", imaginando o roedor correndo em uma roda. Independente da analogia, o que está em questão é nossa maneira de adiar a felicidade. De acreditarmos que ela está em algo que nos aguarda no futuro. Veja como somos facilmente levados a viver essa vida.

Eu não gostava da escola e isso já não é mais novidade. No Colégio Nossa Senhora de Lourdes, da primeira à quarta série, todos nós vestíamos um uniforme amarelo. Já os mais velhos, da quinta à oitava, vestiam camisa azul. Eu os via e pensava: "Que máximo essa camisa! Serei feliz e até gostarei da escola quando passar para a quinta série." Terrível engano. Fui feliz apenas no primeiro mês, depois me acostumei com a camisa azul que agora todos a minha volta usavam. Passei a ansiar pelo ensino médio, admirava os "adultos" do colégio. Ao chegar nesta fase da escola, eu mudei de colégio e fui para um que nem uniforme nos obrigava a usar. Motivos agora não faltavam para eu finalmente ser feliz, mas não seria dessa vez. De fato, os anos foram melhores porque o colégio fugia bastante do tradicional, mas não chegava a ser tão diferente a ponto de me sentir feliz. Passaram, então, os três anos de ensino médio e meu irmão mais velho já dizia: "Estude para o vestibular. Faculdade tem festa todo dia, você vai adorar!"

Achei que finalmente ali estaria minha felicidade, não nos estudos, mas em um ambiente que seria divertido o tempo todo. Depositei todas as minhas esperanças na faculdade e me motivei a estudar. Passei para a faculdade de Estatística e não foi bem assim, como já contei. Mudei de curso, as coisas melhoraram, mas só depois de algum tempo que comecei a entender o que estava acontecendo comigo. Além de estar completamente perdido, eu estava, de forma automática, jogando a minha esperança em futuras conquistas. Eu jurava que seria feliz depois do meu primeiro estágio. Não aconteceu. Passei a achar que seria bom quando eu deixasse de ser estagiário. E também não foi. Já sabia que o mesmo aconteceria se eu tivesse me deixado ficar até ser promovido a coordenador, gerente, diretor e até presidente. Descobriria em alguma hora que a felicidade não está no futuro, tampouco onde eu a estava colocando no presente.

São dois os principais motivos para isso acontecer. O primeiro é que, de alguma forma, a sociedade nos premia a cada nova conquista. Na escola, minha meta já foi tirar nota boa, no entanto, meus pais se acostumaram com a ideia de que a aprovação já estava de bom tamanho. Como recompensa eu ganhava férias e, às vezes, presente. No mercado de trabalho, somos incentivados a bater metas porque, dessa forma, ganharemos bônus, participações nos lucros e promoções de cargo. O problema com esse tipo de acontecimento é que ele não exprime felicidade, mas um alívio que traz alegria em forma de prazer. Vivemos a vida esperando por esses alívios. Sexta-feira, férias do trabalho ou o fim de uma dor nas costas.

O segundo motivo é sobre o modelo de vida que seguimos e que se ensina nas escolas, nas empresas, pelos pais ou pela sociedade: "Seja bem-sucedido e então será feliz." Essa afirmação é feita para dar errado. Nunca seremos bem-sucedidos sem antes sermos felizes. A excelência só vem com a prática, e a única forma de praticarmos por muito tempo alguma coisa é se formos felizes neste ofício durante o processo de aperfeiçoamento. Por isso, a afirmativa correta seria exatamente o seu inverso: "Seja feliz e então será bem-sucedido." Pequena alteração textual, gigante alteração conceitual e prática. O exemplo que serviu para mim talvez não sirva a você. Há pessoas que sentem prazer em trabalhar oito, dez horas por dia. Sentem-se felizes sendo coordenadores, diretores ou presidentes de uma empresa. O ponto é justamente este. Questioná-lo mais uma vez: você é feliz assim? Se sim, então pule esta parte ou mesmo feche este livro. Se não for o seu caso, persista a refletir nas próximas linhas.

Diversos estudos mostram que a felicidade precede importantes resultados e indicadores de progresso.[32] Dessa forma, criamos um acesso direto às emoções positivas que produzem em nosso cérebro substâncias químicas como a dopamina e serotonina, responsáveis pelo bem-estar. O resultado é um corpo dedicado à excelência na atividade que está sendo realizada. Ao colocarmos o sucesso e a felicidade na ordem certa, o processo químico acontece conosco e tudo flui.[33]

Estamos condicionados a colocar o sucesso em primeiro lugar, mas isso não trará felicidade. "Passarei no vestibular, então serei feliz" ou "conseguirei aquela promoção no trabalho, então serei feliz". E levamos a vida correndo atrás de nossa própria sombra, acreditando que a felicidade está no amanhã. Ao alcançarmos um objetivo, podemos não nos sentir felizes, porque somos levados a novos objetivos e metas. Portanto, se o árduo trabalho para conquistá-la não for baseado em uma estrada feliz por si só, não há sentido em se sacrificar. Nem sempre os meios para atingirmos o que desejamos são totalmente satisfatórios, mas têm de ser passageiros, e o fim precisa ter a ver conosco. É preciso uma dose de paixão verdadeira.

KAREN
JONZ

SKATISTA

SUA SEGUNDA-FEIRA PRECISA SER DIVERTIDA

Buscando sempre o prazer nas suas atividades, Karen fez quando criança aulas de piano clássico e bateria, enquanto desenhava por todos os cantos e praticava muitos esportes. Seu encontro aos 17 anos com o skate - para alguns tardio - foi tão apaixonante e arrebatador que nada mais fazia sentido se não houvesse as manobras e os passeios com seus amigos todos os dias. Ela era uma menina em meio a um monte de rapazes também realizados com aquela atividade. Era o último ano na escola e, como todo jovem, precisava cursar uma faculdade, ambiente que definitivamente não era o seu, mas que não a impediu de terminar os dois cursos que começou. Formou-se em Rádio e TV e em Design.

Nesse tempo, completamente vidrada pelo skate, Karen conta que sua vontade era andar toda hora. O dia inteiro. No terceiro ano do ensino médio, quando a paixão nasceu, ela andava cerca de sete horas por dia. Já na faculdade a carga foi reduzida. "A faculdade era no período da manhã. Comecei a trabalhar também. Eu morava em Santo André e ia à faculdade em São Bernardo. De lá pegava uma carona e ia à aula da tarde. Como eu sempre chegava duas horas antes da aula, tinha tempo suficiente para aproveitar uma pista de skate que havia por perto. Obviamente, depois dessa atividade, eu chegava à faculdade toda suada. Aí saía ao final da tarde, pegava um trem, metrô e mais um ônibus para voltar para casa, ou vinha a pé. O segundo curso era em São Paulo."

Karen ainda trabalhava até o início da noite e só tinha de 21h às 23h para andar de skate. No dia seguinte, precisava estar de pé muito cedo para repetir tudo. Mesmo com a rotina cansativa, Karen diz não ter achado ruim: "Isso nunca foi uma coisa que me incomodou muito porque, se eu conseguisse andar de skate, o resto ficava bem. E eu tinha uns pensamentos como 'se o mundo fosse invadido por zumbis ou caísse uma chuva de meteoros, destruísse tudo e eu tivesse ainda o meu skate, eu ia ser feliz'. Eu me lembro de pensar isso muitas vezes." Os fins de semana eram de uma alegria incomparável, quando Karen podia andar de 10h da manhã às 22h da noite. Atividade extremamente exaustiva, mas que não a cansava. Poderia fazer isso várias vezes na semana se o tempo permitisse.

Um dia, as brincadeiras saíram das ruas e foram para os campeonatos. "Em meu primeiro campeonato fiquei em último ou penúltimo. A competição é um esquema diferente, você fica nervoso, é uma pressão e dá tudo errado. Eu estava começando a andar. Nessa época eu andava com os meninos pela rua. Era só diversão. Eles me chamavam e eu me lembro de ficar receosa por ser a única menina. Eles insistiam: 'Você tem que ir, você é da turma, você anda com a gente!.'"

Divertindo-se com o skate e participando de alguns campeonatos de vez em quando, Karen conseguiu patrocínio após vencer o circuito europeu e o primeiro título de expressão em 2006, com o terceiro lugar no X-Games, importante campeonato no cenário mundial. "Fui convidada a participar com o sorriso no rosto, muito feliz de estar ali, e acabei ficando em terceiro. Ganhei um excelente cachê para quem foi lá apenas se divertir. E eu pensava: 'Sério que eu faço o que eu gosto e ainda estou ganhando dinheiro pra fazer isso?'".

A consequência de todo esse encantamento pelo esporte somado à prática culminou no seu bicampeonato mundial em 2008. E mesmo atingindo o topo duas vezes, Karen descreve o ano seguinte como o de maior engrandecimento pessoal e profissional. "Eu já estava morando nos Estados Unidos, treinando lá e aqui. De 2008 para 2009 o bicho pegou, porque a premiação do feminino se igualou ao do masculino. Para o feminino significou duplicar o cachê. Pensei comigo: 'Vou ganhar de novo, eu preciso ganhar novamente.' E eu lembro que fizesse chuva ou sol, eu estava lá treinando. Era pelo menos doze horas por dia durante semanas. Lembro-me de chegar à pista e chorar porque eu não aguentava mais andar. Mesmo assim algo me fazia continuar. E era a sede pelo pódio."

Nesse instante Karen tinha posto o sucesso à frente da felicidade e isso só poderia dar errado. "Tinha virado uma coisa chata, porque eu tinha que ir pra academia de manhã, andar de skate à tarde, mudar toda a alimentação. Era só proteína, não comia doce, não comia fritura, não bebia. E aí começou a ficar entediante e depressivo. Era o segundo ano em que eu estava fazendo isso."

O seu rendimento nos treinos aumentou dado ao preparo, mas já não havia tanta alegria em praticar por conta das obrigações que foram impostas para a conquista do campeonato.

"Chegou o dia e eu era a 'Robocop'. Simplesmente imbatível, não tinha como ganhar de mim. Andei muito, andei melhor que todo mundo." No entanto, totalmente contra o esperado, ela ficou em segundo lugar. Aquele momento foi um desastre profissional para Karen, mas de um engrandecimento pessoal sem precedentes. "Percebi que ganhar não tinha valor algum. Pensei: 'Vou viver isso até quando? Sinto-me infeliz, estou longe da minha família e dessa forma já não vejo mais prazer em andar de skate. Não quero ficar aqui bitolada, treinando.' Então decidi que era hora de voltar ao Brasil."

De 2009 a 2012, Karen ficou relativamente afastada dos flashes e da cobrança pelo alto desempenho. "Descobri um equilíbrio e isso que me fez voltar. Não precisava ser oito nem 80. Não queria ser alguém que necessariamente precisa ganhar tudo. A vida não é um pódio e não dá para ganhar o tempo todo."

Assim a felicidade retomou seu posto correto colocando o sucesso como consequência. Em 2013, Karen Jonz novamente subiu ao mais alto pódio sendo líder desde a primeira etapa do circuito, dominando tudo e levando a taça de tricampeã mundial de skate em San Diego, nos Estados Unidos. Fora das pistas de skate, Karen ainda desenha roupas para sua própria marca, Monstra Maçã, participa constantemente de programas na TV e tem seu próprio canal com dicas no youtube. Em seu facebook, mais de 1 milhão de fãs acompanham a humilde, carismática e brilhante carreira da jovem mulher skatista.

A FELICIDADE NÃO DEVE ESTAR NO TOPO DA MONTANHA

Um milionário, pai de filho único, estava sentado à mesa para um almoço de família em um domingo. Este dia era muito apreciado por seu filho, já que todos estavam reunidos. Curioso para saber quanto custava manter toda aquela riqueza, ele resolve indagar:

— Pai, quanto você ganha por hora de trabalho?

— Por que você está perguntando isso, filho? – indagou surpreso.

— Ah, pai. Temos uma casa com tantos cômodos, vários empregados, piscina e um carrão na garagem. Fiquei curioso.

— Mais ou menos 500 reais por hora, filho. Você precisará estudar muito para chegar lá também.

Mostrando-se ainda incomodado com a pergunta, o pai completa:

— Está satisfeito? Agora coma sua comida.

Como de praxe, o pai saía para o trabalho antes de o filho acordar e chegava em casa depois que ele já tinha ido dormir. Certo dia, algumas semanas depois deste almoço em família, seu pai chegou mais cedo para fazer uma surpresa ao filho. Foi direto para o quarto e encontrou o colchão virado. Debaixo dele havia uma quantia significativa de dinheiro. Desesperado, achando que ele tinha roubado de alguém, ele chamou o filho urgentemente para dar explicações:

— Que montanha de dinheiro é essa, filho? – perguntou, irritado e preocupado.

— Eu estava juntando todo o dinheiro que você me dava para o lanche até conseguir os 500 reais. Eu queria comprar uma hora do seu dia no dia do meu aniversário, pai.

Essa história não é diferente em muitos lares. Dedicamo-nos cada vez mais a atingir o mais elevado posto da carreira. Vivemos integralmente para o trabalho, ignorando que há outras coisas mais importantes a se levar em consideração. Para chegar ao topo, ignorando o trajeto, deixamos de lado a família, os amigos e a si mesmo. Os filhos preferem o pai a mais brinquedos ou mordomias. E os pais constatarão já ao fim da vida que os filhos estavam certos.[34]

Isso acontece porque passamos a gastar mais tempo ganhando mais dinheiro, e o custo gerado por utilizarmos nosso tempo para conversar com uma pessoa que necessita de nossa ajuda, brincar com nossos filhos ou dar um passeio com um amigo torna-se tão elevado que passamos a achar "irracional" fazer tais coisas.

Independentemente de qual importância o dinheiro e o poder têm para você, convido-o à reflexão mais uma vez: a felicidade está em cargos altos em sua empresa e nos vários dígitos da conta bancária? Por mais ambicioso que você seja, é bem provável que sua resposta esteja errada se ela for "sim" a alguma dessas possibilidades. A felicidade se encontra nas coisas simples. A sensação de preenchimento e bem-estar que tanto faz falta está nas pequenas coisas. No café à tarde com seus avós, no abraço de seus pais, brincar com seus filhos ou estar com seu amigo quando ele mais precisa de você. É certo que precisamos de dinheiro para pagar nossas contas e criar nossos filhos. Em alguns casos, também o conforto nos propicia aumento de bem-estar; o problema surge quando nos empenhamos tanto em adquirir mais dinheiro e bens, que isso acaba produzindo o efeito contrário.[35]

BRUNO
MELLO

EMPREENDEDOR DIGITAL

SUA SEGUNDA-FEIRA É ESTAR COM A FAMÍLIA

Fundador e presidente do maior portal sobre marketing no Brasil, Bruno Mello é um desses exemplos que conciliam a responsabilidade do cargo com a dedicação às coisas simples. "Até o nascimento das crianças, a minha fonte de felicidade era o mundo do marketing, só que não existe alegria maior do que um filho. Hoje a minha rotina é acordar, pegar o meu filho no colo, dar mamadeira, prepará-lo todo para o colégio, levá-lo até lá e só depois ir à empresa. Fico no trabalho o suficiente para resolver tudo o que preciso e volto para casa para ficar mais com a minha família. Fim de semana a gente aproveita para sair também."

Esse olhar mais simples da vida não cabe apenas aos gigantes do mercado. Os níveis inferiores da pirâmide (gerentes, coordenadores e até os cargos operacionais) também podem sofrer do mesmo problema. Ainda que tenhamos um trabalho extremamente recompensador que esteja conectado a nossa essência, ele precisa ser equilibrado com os demais compromissos de nossa vida, especialmente o pessoal.

O portal foi ao ar pela primeira vez em 2006 e em 2014 já atingiu a marca dos mais de 2 milhões de acessos mensais. O portal é nacionalmente conhecido no meio dos profissionais de Marketing e Comunicação. O caminho foi árduo, mas houve retorno. No início do seu negócio, Bruno dedicava-se por volta de quatorze horas por dia ao projeto. Mesmo trabalhando essa carga excessiva, ele fazia por prazer. O trabalho tinha propósito e isso o alimentava. "Eu não faço nada por fazer, eu faço porque eu gosto, porque eu tenho paixão e quero fazer da melhor forma possível. E assim eu gerava conteúdo para o portal o dia inteiro."

Esta atitude o levou ao sucesso. Bruno conta a particularidade de seu ofício: "Eu adoro a segunda-feira. Acordo disposto para ir à empresa porque vejo lazer em tudo que faço por lá. Além desse prazer constante, contemplo minha família e amigos sempre. Dessa maneira me sinto completo."

Ainda que essa realidade possa ser distante de você, o que vale aqui é entender que todos podem conciliar trabalho, família e as coisas simples da vida. Isso de fato é o que vale. O sol nasce para todos, mas a sombra é para quem merece. Nunca culpe alguém ou algo pelo que tenha acontecido com você. A única coisa na vida para a qual não tem jeito é a morte e o mundo de oportunidades estará sempre aberto aos que decidem agarrar as oportunidades e pagar o "preço" do sucesso. No entanto, não esqueça que todo esforço que te faça negligenciar as outras esferas da vida de nada vale.

FELICIDADE AGORA, POR FAVOR

Diferentemente dos que sacrificam o presente pela felicidade no futuro, há aqueles que sacrificam o futuro em troca da felicidade no presente. No entanto, provavelmente estão enganados quanto às suas emoções.

Você saberia dizer qual a principal diferença entre prazer e felicidade? O prazer é uma circunstância de tempo, de coisas e de lugares. É algo mutável.[36] Transfira a hora de seu almoço para as quatro horas da tarde e coma uma deliciosa pizza de calabresa. A primeira fatia será sublime. Cada parte do seu corpo sentirá os efeitos de atender a essa necessidade fisiológica. Pegue a segunda fatia e coma. Garanto que a quarta fatia em diante já não será tão prazerosa assim. O mesmo acontece quando estamos com frio e nos aproximamos do fogo ou quando estamos com sede e bebemos aquele copo de água gelada. A sensação que temos ao saciar nossa necessidade fisiológica é meramente prazer e não felicidade. Confundir estas duas sensações poderá te levar a um estágio avançado: o hedonismo.

Em busca do maior prazer no presente, o hedonista acredita que a felicidade consiste em maximizar essa sensação. Sua postura poderá ser também aumentar a quantidade de relacionamentos, evitar o trabalho porque ele remete ao sofrimento, ter necessidade de se divertir incessantemente e até, em casos mais graves, uso de drogas. Porém, ao colocar todas as fichas no presente, ignora-se o que isso poderá causar no futuro. É o que Tal Ben-Shahar diz ser o inferno que o hedonista confunde com o céu: "Sem um objetivo de longo prazo, privada de desafios, a vida deixa de ter sentido para nós; não podemos encontrar a felicidade se procuramos apenas o prazer e evitamos o sofrimento. No entanto, o hedonista presente em cada um de nós associa esforço com sofrimento e o fazer nada com prazer."[37]

A felicidade não está no passado, porque já não está em nossas mãos, nem no presente ou futuro, como já discutimos aqui. Onde ela está? Está em tudo e a todo tempo.

SER FELIZ HOJE E AMANHÃ

Em uma palestra que dei sobre felicidade aos oficiais do curso de especialização e aperfeiçoamento da Marinha do Brasil, alguém da plateia fez a seguinte pergunta: "Como ser o primeiro da turma e participar de todas as festas?"

Respondi a esta pergunta com outra: "Onde está sua paixão? Ser o primeiro da turma e ir a todas as festas não te fará feliz. Porque ser o melhor pode ser por ego ou status, e ir a todas as festas pode ser hedonismo. Agora, se a carreira na Marinha lhe dá prazer, e você gosta de verdade, você será o primeiro a não sentir que se esforçou tanto. Abdicará de boa parte das festas sem se sentir mal porque você entende que isso faz parte e traz recompensas imediatas. Eu não larguei as festas a que eu adorava ir para sofrer estudando. Pelo contrário, eu passei a gostar mais de estudar do que de ir a festas, porque eu vi a beleza de me aperfeiçoar e o sonho de me tornar mestre."

A decisão de escrever este livro pode ser outro bom exemplo. Toda vez que sento para escrever, isso me proporciona um prazer inesgotável e só paro quando o cansaço toma conta ou preciso me dedicar a outros afazeres. Além disso, pensando no futuro, sei que também será gratificante vê-lo impresso ou na internet atingindo – e quiçá beneficiando – muitas pessoas. A felicidade está no caminho e na chegada. Contudo, vale um alerta. Assim como a Karen Jonz se diverte andando de skate por mais de doze horas em um único dia, eu também adoro escrever ou estudar por horas a fio. Porém, quando ela passou a ser obrigada a andar essa quantidade de horas sete dias na semana e eu tive que correr com o prazo para entregar este livro à editora, a atividade passou a não nos dar tanto prazer. Ficou claro que eu precisava de pausas para que a minha capacidade criativa fosse restaurada. Passei a tirar um dia da minha semana para não fazer absolutamente nada relacionado ao livro e era incrível como no dia seguinte eu já estava recarregado e cheio de vontade para retomá-lo.

Assim como na parte que falamos para termos cuidado com essa história de ser feliz, reitero aqui: nem tudo é pleno. Sermos um pouco hedonistas ao passar quatro dias consecutivos no Carnaval e sacrificarmos as festas por benefícios futuros de vez em quando faz parte do jogo da vida. A dica que nossos pais aprenderam com nossos avós e nos ensinaram vale também aqui: tudo que é exagerado faz mal. E a sugestão que este livro te dá é: não basta ser feliz só hoje ou amanhã. Seja feliz hoje e amanhã.

CAPÍTULO 5

TEREI DINHEIRO E SEREI FELIZ?

Somos rodeados pela cultura do dinheiro e da ostentação. Clipes, músicas, novelas, filmes e quase todos os outros meios de entretenimento exalam a vida fantasiosa das pessoas que possuem uma conta bancária de vários dígitos. Sonhamos acordados, achando que, se tivéssemos aquele parceiro ideal como o da revista, uma casa inspirada nos castelos ingleses e o último modelo do Porsche, seríamos plenamente felizes. Uma vida que qualquer um dos 400 mais ricos do mundo listados pela *Forbes* poderia ter, certo? No entanto, eles são tão felizes quanto os pastores Masai do leste africano, que raramente têm acesso a eletricidade e água encanada.[38] Esse fenômeno pode ser explicado pela diferente importância que os indivíduos e a sociedade em que vivem dão ao dinheiro.

Acostumamo-nos a achar que dinheiro, sucesso e felicidade caminham de mãos dadas a ponto de ser a mesma coisa. É tão verdadeiro esse achismo, que em uma pesquisa feita com 200 mil estudantes de 279 faculdades e universidades norte-americanas sobre seus objetivos mais importantes na vida, 77% deles escolheram "ser bem-sucedidos financeiramente".[39] Isso acontece porque nós vemos provavelmente o dinheiro como uma maneira de tornar a vida mais fácil – nos permite adquirir bens, nos ajuda a conquistar possíveis parceiros e proporciona segurança e estabilidade –, mas adivinhe? Nós também nos acostumaremos com isso. O que os cientistas

Bernard e Ada Ferrer-i-Carbonell publicaram no clássico *Happiness quantified* (Felicidade quantificada) é que dois terços dos benefícios do aumento da renda desaparecem depois de apenas um ano; o que explica esse fenômeno em parte é que nossas despesas e novas "necessidades" aumentam na mesma proporção.

Aos que saem da linha da pobreza, o aumento de renda pode produzir maior estado de felicidade. No entanto, há um teto em que mais dinheiro não significa maior bem-estar, e a partir desse limite nossos níveis de satisfação começam a declinar. Criamos em nós a fantasia de que o aumento da riqueza deveria nos deixar mais felizes, mas não nos deixa.[40] Em parte, a culpa é da nossa capacidade de supor de forma imprecisa quão bons e duráveis serão os momentos futuros ou os bens materiais.[41] Além disso, quando não obtemos o prazer esperado, presumimos que o próximo objeto pode fazê-lo e então vamos às compras, trocamos de apartamento ou de carro, iniciando um ciclo infinito que nos prejudicará se não entendermos que somos inclinados a nos adaptar a qualquer conquista material.

A esse fenômeno os psicólogos chamam de adaptação hedonista. O nosso bem-estar é uma infinita corrente que oscila por altos e baixos cortada por uma uma linha média para a qual somos atraídos. Cada vez que adquirimos um bem ou saciamos alguma necessidade, essa onda sobe e nos sentimos alegres por alguns instantes, mas logo voltaremos à normalidade. O mesmo acontece com emoções que levam essa onda para abaixo da média. Essa adaptação pode ser explicada também por trabalhos que não se encaixam em nossa essência e que nos levam ao tédio até que mudemos de emprego. Wendy Boswell, professora da Mays Business School, e mais dois pesquisadores constataram que, ao começarmos um novo emprego, estamos em uma relação de "lua de mel" com ele. Novas experiências, pessoas e desafios. No entanto, seis meses depois do início – se não for realmente nosso lugar – tendemos a entrar em um estado que eles chamam de "ressaca", pois agora estamos estagnados, nada mais é novidade, tampouco excitante. Para piorar o quadro, os pesquisadores alertam que quanto maior a expectativa do emprego no qual acabamos de entrar, maior também será a ressaca. Em síntese, a adaptação hedonista entra em cena quando nos deparamos com algo constante ou repetido.[42]

Vários fatores explicam esse fenômeno, mas o que eu indicaria como o principal é que nunca poderemos experimentar algo pela primeira vez duas vezes. A primeira noite com a namorada, o primeiro beijo, o primeiro dia na faculdade, o primeiro salário com mais de três dígitos, o primeiro carro ou o primeiro milhão. Todos e vários outros exemplos guardam uma diferença enorme da primeira sensação para as outras que seguem e isso se deve ao fato de nos acostumarmos a elas.

No fim das contas, o que define se dinheiro trará ou não felicidade depende somente de você. Qual a sua atitude em relação ao dinheiro?

A FELICIDADE PODE SER COMPRADA

"Dinheiro não traz felicidade": em grande parte dos casos é possível que essa afirmação seja verdadeira, mas somente quando os recursos não estão sendo aplicados corretamente.[43] Se a sua relação com o dinheiro for desgarrada das privações que ele pode causar, é possível que você consiga comprar felicidade. Isso é o que diz MP Dunleavey, colunista do *New York Times*. Investir de forma correta é alocar os recursos na melhoria da qualidade de vida. Entender que o dinheiro é uma ferramenta deste processo que leva à alegria, e não o que sustenta e dá sentido a vida. A dedicação ao bom uso de nosso tempo, da saúde, dos relacionamentos e do quanto ajudamos as pessoas, em vez do excessivo foco no acúmulo de capital ou salários exorbitantes, é o que contribuirá efetivamente para a felicidade.[44] Tendo melhores condições financeiras, pague para ter mais tempo. Empregada doméstica, secretária ou até passeadores de cães para levar o seu animal de estimação para a rua três vezes ao dia serão investimentos melhores do que um carro importado cujas taxas e seguro comprometerão boa parte do seu salário. Em vez de guardar dinheiro para comprar o novo Iphone, gaste-o pagando uma viagem para conhecer a Grécia.

Investir em experiência, principalmente aquelas envolvendo outras pessoas, produz emoções positivas mais expressivas e perenes. Por exemplo, quando os pesquisadores entrevistaram mais de 150 pessoas sobre suas compras recentes, descobriram que o dinheiro gasto em atividades como shows ou jantares com amigos gerou muito mais prazer do que compras de bens materiais como sapatos, televisões e relógios caros.[45] Isso acontece porque quando compramos algum bem material que desejávamos imensamente, algum tempo depois (pode ser questão de dias ou meses) não o acharemos tão legal quanto antes. Já uma experiência, como uma viagem inesquecível com amigos ou familiares, é relembrada em diversos instantes mesmo depois de muitos anos.

A felicidade ter um preço não significa que possamos ir a um supermercado e comprá-la. O que pesquisas no decorrer dos anos vêm mostrando é que há um ponto em nossa faixa de renda em que ter mais dinheiro não significa ser mais feliz.

Esse teto é de aproximadamente 6 mil dólares ou 13 mil reais, segundo o pesquisador Daniel Kahneman, prêmio Nobel de Economia.[46] É o ponto máximo a que salário e bem-estar emocional chegam de mãos dadas. A partir deste patamar, eles soltam suas mãos e não sobem mais juntos. No entanto, não se preocupe se o seu salário for muito menor do que a fronteira em questão. Há inúmeras variáveis a se considerar quando falamos de felicidade.

Em diversos países do mundo, o PIB* passou por significativo aumento durante as últimas décadas. Não seria ousado de nossa parte achar que um reflexo positivo dessa mudança fosse o aumento de nosso bem-estar subjetivo. No entanto, não foi isso que aconteceu, alertam os pesquisadores Myers e Diener. O PIB nos Estados Unidos aumentou em 300% de 1970 até 2008, ano da crise financeira norte-americana. Nesse mesmo espaço de tempo, o nível

* O produto interno bruto (PIB) representa a soma (em valores monetários) de todos os bens e serviços finais produzidos numa determinada região.

de bem-estar subjetivo declinou, o número de divórcios dobrou, o de crimes violentos ficou quatro vezes maior. Os participantes que se diziam "muito felizes" eram 38% em 1950, contra 33% nos resultados obtidos em 2002.[47] A dra. Susan Andrews, pesquisadora e coordenadora do movimento Felicidade Interna Bruta no Brasil, mostrou outros dados paralelos a esses em seu livro *A ciência de ser feliz*. Na Inglaterra, houve também um aumento significativo do PIB, mas a taxa de pessoas que se diziam "muito felizes" desabou de 52% para 36%.[48] E não é só um fenômeno de países essencialmente capitalistas.

Uma das teorias que ajudam a explicar esse fenômeno foi levantada por Richard Easterlin, num estudo conhecido como o "Paradoxo de Easterlin". Se a renda de todas as pessoas fosse aumentada, isso também aumentaria a felicidade de todos? O seu resultado mostrou que não.

A justificativa para o curioso resultado são os problemas originados pelo mundo vivido para o consumo. Nós não somos mais felizes quando a nossa renda aumenta junto com a das pessoas que vivem a nossa volta. O carro que você tem é legal até seu vizinho comprar um melhor. Os meus brinquedos eram legais até meus colegas ganharem os alucinantes bonecos dos Cavaleiros do Zodíaco – quem foi criança nos anos 1990 entenderá. Esse acontecimento simbolizava para mim o fim dos meus dias felizes até que meus pais dessem o jeito de conseguir pelo menos um para mim. Estava em jogo minha posição social diante de todos os meus colegas. O problema é que os bonecos eram caríssimos para os meus pais. Custavam cerca de 50 reais em 1994. Atualizando o valor do boneco para os preços de hoje, seria o mesmo que desembolsar 200 reais em um boneco de dez centímetros com algumas peças auxiliares. Que pai entenderia esse valor intangível provocado pela comparação social?

Um olhar menos atento diria que eles estariam dando asas a um filho mimado atendendo ao meu pedido, mas o que acontecia comigo não é diferente do que ocorre conosco quando adultos. Nós nos comparamos constantemente com as outras pessoas, e isso é potencialmente perigoso para o nosso bem-estar.

Imaginamos que mais dinheiro nos trará mais felicidade, mas ignoramos todas as outras coisas que virão a reboque. Por exemplo, talvez tenhamos de trabalhar por períodos mais longos, passar mais tempo no trânsito, lidar com conflitos profissionais e dispor de menos tempo com a família e os amigos. Ao focarmos nos benefícios que poderão ser gerados por uma renda maior, ignoramos esses outros fatores – e depois nos surpreendemos que, a despeito desse aumento, não atingimos níveis mais elevados de felicidade. Quando imaginamos um futuro no qual o dinheiro é a prioridade, muita coisa fica de fora, e podem ser justamente as coisas que realmente importam.[49]

Certa vez Steve Jobs foi perguntado sobre como se sentiu ao se tornar rico tão jovem: "É muito curioso. Eu valia 1 milhão de dólares aos 23 anos de idade, mais de 10 milhões aos 24 anos, e mais de uma centena de milhões aos 25 anos de idade. E não era assim tão importante, porque eu nunca fiz isso por dinheiro."

Seu objetivo foi o que o levou a ser o gênio mundialmente reconhecido. Acordar toda segunda-feira cedo com a disposição de criar produtos que revolucionariam a vida de milhões de pessoas era a sua recompensa. O dinheiro era apenas um fator, mas não o motivador de todas as suas ações.

Nick Powdthavee, professor da Universidade de Melbourne, fez uma pesquisa com 8 mil pessoas e descobriu que uma pessoa que ganha 3.300 libras mensais e encontra os amigos com certa frequência, ainda que seja para um bate-papo, é tão feliz quanto outro que tem um salário dez vezes maior, mas que sacrifica a sua vida social.[50] Nossas amizades são investimentos de retorno imediato e futuro. As bolsas podem despencar e o país entrar em uma crise financeira, que o investimento feito na manutenção de suas amizades continuará intacto. O professor conclui que os resultados do aumento do nível de envolvimento social equivalem a uma quantia bem maior de libras adicionais por ano em termos de satisfação. Ademais, os ganhos de felicidade resultantes da convivência social são mais duráveis que aqueles resultantes do aumento de salário. Novamente, a culpada é a nossa capacidade de nos adaptar, agora com o salário no final do mês. Powdthavee explica que esses dados deveriam levar os trabalhadores a repensar suas prioridades: "As pessoas estão cada vez mais se dedicando ao trabalho. Se isso as ajuda a ter maiores salários, também as levará à deterioração dos seus laços sociais e familiares, que são muito mais importantes para o seu bem-estar."

Os recursos materiais chamam a nossa atenção devido ao prazer experimentado ao adquirirmos bens. No entanto, superestimamos a importância que ele ocupa em nosso bem-estar. Os pesquisadores Diener e Fujita fizeram um estudo com 195 pessoas e concluíram que os recursos materiais eram nove vezes menos importante para a felicidade que a nossa relação com a família, os amigos e a pessoa amada.[51] Além disso, gastar dinheiro com outras pessoas também aumenta a nossa felicidade. Em um experimento, 46 alunos receberam 20 dólares cada para gastar. Aqueles que foram instruídos a gastar o dinheiro com outros se mostraram mais felizes ao fim do dia do que aqueles que foram direcionados a gastar dinheiro com algo para si mesmo.[52]

ESSE GRÁFICO SÓ PODE ESTAR ERRADO, CARA

Mesmo com incontáveis estudos que provam o contrário, diversas empresas e seus líderes ainda acreditam na utopia de que serão felizes da maneira que encaram a vida. Permanece o mito de que, se nos entregarmos de cabeça e trabalharmos pesado agora, teremos sucesso e, portanto, seremos mais felizes. Enquanto focamos em nos dedicar de forma insana ao que não nos agrada, a felicidade passa a ser um artigo revogável do qual podemos abrir mão ou uma recompensa que só virá depois de uma vida inteira de suor: um raciocínio coletivo cuja imperfeição normalmente nos escapa.

Ricardo Semler, autor do best-seller *Virando a própria mesa*, citou em diversas palestras e entrevistas um gráfico com três importantes variáveis, dinheiro, tempo e saúde, dando-nos uma maneira simples e direta de enxergar a maneira como levamos nossa vida. O eixo vertical é a quantidade disponível, e o horizontal a nossa idade.

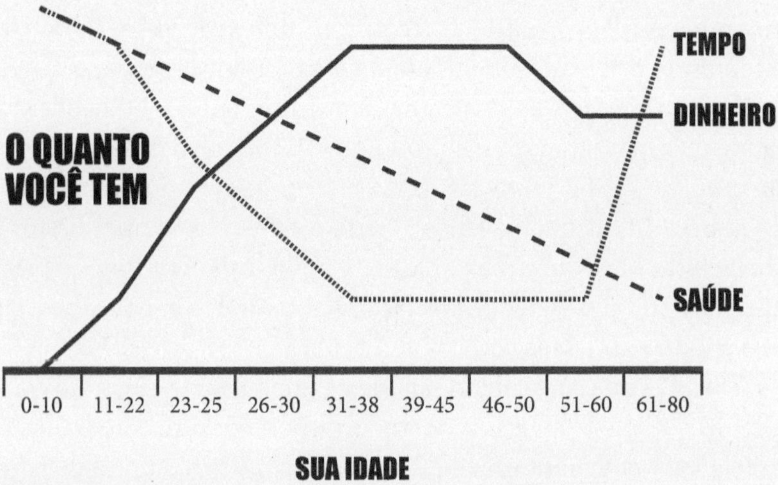

Dinheiro: nascemos nus e sem nada. Trabalhamos por toda a vida para ganhar dinheiro. Alguns conseguem fazer seus primeiros milhões logo cedo, outros mais tarde e vários passam a vida tentando – outros nem desejam tudo isso. O dinheiro é basicamente o que trocamos pelo nosso tempo e o trabalho, um meio de conectar essas duas esferas.

Tempo: nascemos com muito tempo. Dificilmente desempenhamos outra tarefa além de chorar, comer, dormir e fazer necessidades. Crescemos, passamos a ir à escola e logo chegam os deveres da vida adolescente e adulta. Começamos a trabalhar, e isto nos consome metade do dia, e já não temos quase nenhum tempo. Aposentamo-nos e passamos a ter tempo novamente.

Saúde: geralmente nascemos com muita saúde e é normal que ela vá se perdendo com o tempo, conforme envelhecemos. Chegamos à aposentadoria não tão bem de saúde quanto quando éramos jovens.

Ignorando os extremos como "nasci de família rica e nunca precisei trabalhar" ou "trabalho desde os 10 anos de idade e não pude estudar nada além da primeira série do ensino fundamental", você conseguiu perceber a relação entre tempo, dinheiro e saúde? Quando nascemos, temos saúde e tempo, mas não temos dinheiro. Na vida adulta, temos dinheiro e saúde, mas não temos tempo. E finalmente, quando nos aposentamos, temos tempo e dinheiro, mas já não temos mais tanta saúde. Portanto, a vida não faz muito sentido se continuamos a fazer coisas que não nos agrada e a investir tempo nisso. O trabalho está presente em boa parte da nossa vida, por isso a necessidade de optar por algo que nos faça levantar todos os dias e desejar que o tempo passe devagar.

Se você já está aposentado, a notícia também não é ruim. Ao contrário do que muitos possam pensar a respeito da vida, o envelhecimento geralmente nos torna mais felizes, segundo os estudos de Laura Carstensen.[53] Isso acontece porque, ao envelhecer, nós começamos a nos dar conta de que a vida tem um fim e, dessa forma, mudamos a maneira de viver nossos dias. Os relacionamentos passam a ser mais importantes, e extraímos mais felicidade das emoções positivas, dando inclusive menos valor aos aspectos materiais e passageiros.

Independentemente da idade é preciso saber que nossa motivação não pode ser extrínseca (reconhecimento, status ou prêmio). Dessa forma, a felicidade estará condicionada a prazeres efêmeros e não na finalidade de se fazer o que nos agrada, sendo esta uma recompensa intrínseca. Um possível agravamento de valorizarmos as coisas erradas é a depressão, doença essa que hoje é o quarto maior problema de saúde pública no mundo segundo a Organização Mundial de Saúde. E a tendência é esses dados piorarem; estima-se que até 2020 será o segundo maior.

Logo, encarar o trajeto de nossa vida tendo consciência das coisas que realmente nos fazem bem é o primeiro passo. Para o segundo é que dificilmente temos coragem, e disso falaremos mais para frente. O que fica de exercício agora é o que costumo imaginar antes de tomar qualquer importante decisão de minha vida: lembro que um dia, cedo ou tarde, não estarei mais aqui. Portanto, o objetivo não é viver para sempre, mas criar algo que viverá.

ARREPENDIMENTOS NO LEITO DE MORTE

Os últimos sopros de vida vão dando sinais, e você percebe que está chegando ao fim. Neste momento - como poucas vezes antes - você reflete sobre como fora todo seu trajeto e as coisas que deveria ter feito mais. Enquanto discursa em voz alta, deitado em uma maca, todos os anos passados, uma enfermeira o ouve com atenção. Essa moça se chama Bronnie Ware, e ela já escutou dezenas de outros pacientes na mesma situação. No livro *Antes de partir*, ela lista os cinco principais arrependimentos das pessoas no leito de morte.

O mais comum entre as pessoas ouvidas foi o anseio de ter vivido uma vida mais para si do que a esperada pelos outros. É nesse instante que o paciente se dá conta de que diversos sonhos não foram realizados e a saúde - um bem presente por toda vida - já faz falta. Depois, em segundo lugar, o pesar por ter trabalhado muito e ter visto pouco os filhos crescerem ou mesmo não ter passado um tempo maior com esposas e parentes próximos. Essa proximidade com as coisas simples e a que damos geralmente pouca atenção se repete em seguida, sendo o terceiro lugar a falta de ter falado sobre os próprios sentimentos e o quarto a perda de contato com amigos importantes. Segundo Bronnie, todos sentem falta de amigos quando estão próximos da morte.

Por fim, o que motiva tudo em nosso trajeto é o desejo de ter sido mais feliz. É nesse momento que interpretamos o caminho da felicidade como uma escolha. O medo da mudança os fazia fingir, para os outros e para si mesmos, que estavam satisfeitos, quando na verdade eles gostariam mesmo era de rir e ter mais momentos alegres, de ter se dedicado menos ao que é supérfluo e mais às coisas significativas.

Afinal, onde estão os arrependimentos por não ter comprado uma casa em frente à praia, ou uma Ferrari, ou por não ter feito 1 milhão de reais? Se eles não aparecem nessa hora, talvez precisemos repensar o que priorizamos antes que estejamos realmente em nosso leito de morte e nada mais possamos fazer para reverter isso. Não se preocupe com a sua idade, diversas pesquisas realizadas mostram que a idade não tem relação com os níveis de felicidade.[54]

ALEKSANDER
LAKS

PALESTRANTE

SUA SEGUNDA-FEIRA É CUMPRIR UMA PROMESSA DE VIDA

Era 1927 e nascia em Lodz, na Polônia, uma criança que desafiaria a morte e viveria para contar uma importante história de vida. Mais tarde, aos 11 anos, viu a Alemanha invadir sua cidade exterminando o exército de seu país em poucos dias. Não demorou muito até que o jovem rapaz de nome Aleksander Henryk Laks fosse apresentado aos horrores da Segunda Guerra Mundial. Presenciou por diversas vezes amigos e parentes amarrados ou enforcados no alto de postes da sua cidade natal, além de soldados alemães arrancando barbas de judeus com as mãos, deixando suas faces expostas em carne viva. Isso era apenas o início de longos anos de terror que o jovem polonês, hoje orgulhosamente naturalizado brasileiro, vivenciaria. Ele estava no epicentro de uma das maiores histórias de massacre que marcou a história da humanidade: o Holocausto, acontecimento que deixou milhões de pessoas mortas, boa parte delas judias.

Com fome, Aleksander foi forçado a sair de sua casa inúmeras vezes e, em sua cidade, fundaram um enorme gueto – local onde se amontoavam 160 mil judeus em um espaço que cabia 25 mil. As mortes começaram a ser em maior escala a ponto dos cadáveres serem empilhados por conta das covas já não serem mais suficientes. A fome começou a assolá-los de forma ainda mais grave. "Comíamos cerca de 200 calorias diárias quando deveriam ser pelo menos 2.400. Não seria possível viver assim por mais de oito meses, mas eu vivi por mais de cinco anos", afirma.

Não só de falta de alimento padeciam os judeus. "A criatividade maligna dos nazistas transcendia os limites da crueldade a ponto de um cano de descarga ser direcionado para dentro do caminhão lotado de pessoas na caçamba fechada. Era uma câmara de gás móvel!"

A pouco menos de dois anos para o fim da guerra, a Alemanha sofria baixas constantes do exército e a família de Aleksander à beira da morte por fome. Viveram em um esconderijo por muito tempo até que precisaram sair e se entregar às tropas alemãs. A falta de comida os forçou.

A SS[*] conduziu sua família a embarcar em um trem que partia ao sul, onde trabalhariam em uma grande metalúrgica. Lá, segundo os alemães, haveria comida – mais uma mentira. Todos seguiam em direção ao maior campo de extermínio de toda história humana: Auschwitz. Na entrada deste campo havia a inscrição *Arbeit macht frei*, "O trabalho liberta", sugerindo que de fato eles tinham sido levados para algum lugar que os trataria bem, mas não passava de uma estratégia para manter a ordem.

O trem parou na estação e todos foram empurrados para fora dos vagões aos gritos. O céu estava vermelho, rasgado por uma imensa chaminé que expelia uma fumaça. Essa fumaça era derivada dos corpos incinerados nos fornos crematórios por anos a fio, vinte e quatro horas por dia, sete dias na semana. Famílias inteiras. Naquele início do ano de 1944, começaram a fazer um tipo de triagem, não enviando diretamente as pessoas às câmaras de gás e ao crematório.

Chegando ao campo, as mulheres iam para um lado e os homens para o outro. "Dessa forma, de mãos dadas ao meu pai, que me segurava com força, dei um aceno distante a minha mãe. E nunca mais a vi." O destino dela não seria diferente de tantos outros.

Continuaram a caminhar, até que um dos companheiros de seu grupo resolveu perguntar algo a um dos guardas da SS que ali estavam e a resposta foi: "Cale a boca! Você está em Auschwitz! Aqui só existe uma saída: pela chaminé."

Longos meses se passaram até o início do ano de 1945, quando os russos começaram a avançar e se aproximar cada vez mais de Auschwitz, forçando os alemães a se retirarem. Destruída pela guerra, a Polônia já não tinha mais meios de transportes como antes e começaram o que Aleksander descreve como o maior desvio da imaginação doentia dos alemães na Segunda Guerra Mundial: a Marcha da Morte. As pessoas iam morrendo pelo caminho e eram recolhidas em carroças de uma aldeia a outra. Essa remoção acontecia porque não

---

[*] Abreviação da palavra Schutzstaffel, como era conhecida a organização militar nazista.

podiam deixar pistas para os aliados, tampouco evidenciar chacinas que os incriminariam futuramente. Não se podia parar. Aqueles que se deitavam e não conseguiam mais se levantar morriam congelados ou mesmo fuzilados. De manhã, já estavam inchados. "Meu pai já não era o homem bonito e forte de antes", descreve com orgulho a figura paterna. "Ele não podia mais andar e então disse: 'Filho! A guerra está no fim. Se não formos fuzilados você talvez sobreviva. Se você sobreviver, conte tudo o que aconteceu conosco. Conte sempre, ainda que as pessoas tenham dificuldade para entender tanta maldade. Eu já não posso andar. Não consigo; cheguei ao limite. Eu vou me sentar.' Desesperado, respondeu: 'Pai! Se você sentar, sentarei ao seu lado. Não quero viver sem você; não quero viver mais.'"

Com a ajuda de alguns outros judeus que estavam por perto, eles prosseguiram. Não muito tempo depois, a saúde de seu pai se agravou com a disenteria. Vítima de surra aplicada pela tropa alemã, ele veio a falecer aos 44 anos de idade e pesando menos de 30 quilos. O corpo estava na latrina junto de vários outros, sendo depois queimado. "Esse momento foi a última vez que vi meu pai e o último lugar que eu passaria naquela guerra."

Ao fim, já entregue à morte, Laks, recolhido no canto de um trem, já sem esperanças, recebeu um copo de leite de um homem que salvou sua vida. Restaurou as energias mínimas que ele precisava para continuar vivo. "Meu filho, que hoje é médico, disse que aquele copo poderia ter me matado. Com tanto tempo sem alimento em meu organismo, digerir aquele leite seria fatal. Mas eu não morri. Estou vivo!"

Aleksander sabia que tinha parentes no Brasil e veio no final de 1948 e início de 1949 para ficar definitivamente. Nos anos 1980, começou a fazer o que seu pai havia pedido: contar, através de palestras, seminários, exposições e a quem quisesse ouvir tudo que ocorreu. O propósito de sua vida seria passar às pessoas a verdade sobre o Holocausto para que nunca mais acontecesse algo parecido. Hoje, repleto de medalhas e honras, Aleksander esbanja saúde com seus 87 anos e ainda executa, com a mesma vontade de sempre, a promessa que fez a seu pai.

A vida de Aleksander é uma das diversas maneiras de viver uma vida feliz e plena: seguir um propósito. Vamos entender por onde mais ela pode ir?

PARTE III

ONDE ESTÁ A FELICIDADE?

“Todos procuram ser felizes; não há exceção. Por mais diferentes que sejam os meios que empregam, tendem todos a esse fim. Esse é o motivo de todas as ações de todos os homens, até mesmo aqueles que se enforcam.”

Blaise Pascal

Alface nasce alface e morrerá como alface. O cachorro nasce cachorro e ele não poderá ser nada além de um cachorro. Nem o mais inspirado cãozinho poderia se tornar um pássaro ou uma laranja se assim desejasse. Todos os animais e vegetais nascem definidos. Esse instinto que vem gravado em sua espécie é tudo que ele precisa e, portanto, o que a natureza oferece. Eles não precisam aprender a viver. Eles já nascem prontos e sabemos que esse não é o nosso caso. Precisamos, durante a vida, descobrir nossa vocação e nos posicionarmos na sociedade.

Já que possuímos essa característica particular, devemos nos voltar para o que é exclusivo em nós em vez de procurar imitar o que a sociedade dita. Padrões de beleza, consumo, sucesso e felicidade são farsas em que acreditamos com demasiada facilidade. Não existem regras, fórmulas ou modelos que caibam a todos nós. Cada um deve buscar em seu interior aquilo que o provoca, que o faz investigador das próprias causas e desbravador das próprias vitórias.

Muitas pessoas que desistem da caminhada de entender a si próprio transferem toda a força para o trabalho, fazendo dele a coisa mais importante em suas vidas, ainda que ele não lhes proporcione prazer e satisfação. Dessa forma, elas colocam toda a ambição nesse objetivo e se isolam em um mundo distante. São, por exemplo, pessoas que exercem a carreira de finanças, mas tinham talento para o teatro. Um contador que durante toda a infância fez aulas de artes e pintou quadros. Ou mesmo alguns de meus alunos que ao final do curso de Administração escreveram que sonhavam ter as mais variadas profissões, mas escolheram aquele curso porque não ganhariam dinheiro com o que eles desejavam. A consequência dessa desordem é a insatisfação com a segunda-feira, pois eles estão indo contra aquilo que é natural para algo artificial à custa de um sucesso que não trará satisfação.

A felicidade pode ser vista como algo que dá sentido a nossa vida – é ela que nos faz estudar para o vestibular, levantar da cama em um dia chuvoso para trabalhar, comprar um carro do ano ou um apartamento de frente para a praia, fazer amizades, namorar e casar. Acreditando que cada uma dessas conquistas nos fará felizes é que ganhamos força para ir à luta. Por isso, Sonja Lyubomirsky acredita que seja mais coerente entendermos que não se trata de uma busca, mas uma construção da felicidade, já que não se trata de uma caça ao tesouro. Ela é desenvolvida no decorrer de diversas experiências de vida até que alguma nos mostre o caminho que procuramos – e então tentamos.

Aventurei-me por diversas coisas até encontrar onde eu menos esperava (na sala de aula) aquela centelha de prazer inesperado que trouxe a mim a curiosidade (curso de mestrado) e, então, despontou o presente repleto de prazer e propósito (minhas primeiras aulas). Não acredito que nascemos para uma única atividade, mas temos inclinações a gostar mais de certas áreas. Dificilmente quem ama artes gostará de física, mas é provável que aprecie música ou dança – expressões mais diretas de criatividade. Eu, por exemplo, ministro aulas, palestras e escrevo. São áreas correlatas e eu me sinto bem executando qualquer uma das três atividades.

Se formos realmente responsáveis por essa edificação da felicidade, Edward Diener, psicólogo americano, nos diria que somos péssimos engenheiros. Em um estudo feito em 1995, ele entrevistou 13 mil pessoas e chegou à conclusão que 93% deles classificaram sua satisfação com a vida como no máximo "razoavelmente positiva".[55] Muitos podem se perguntar: como a ciência pode medir algo tão abstrato? Até que ponto nós podemos confiar nesses dados? Susan Andrews explica que ela é essencialmente medida por análises sobre o bem-estar subjetivo através de extensos questionários, relatos de terceiros e o que amigos e familiares dizem sobre o seu nível de felicidade.[56] Além disso, pode ser também quantificada de infinitas formas que vão de mensuração da assimetria entre os lobos frontais do cérebro (o que passa dentro do seu cérebro) até níveis de cortisol na saliva (evidência de emoções negativas através dos hormônios).

Por isso não acredito em regras, fórmulas ou segredos para felicidade. Ela é um processo de construção e descobertas. É um avião que você precisará construir em pleno voo. Quem vende os "sete segredos da felicidade", "as dez maneiras de ser feliz" ou "os cinco caminhos da vida plena" se aproveita da fraqueza de quem necessita de um caminho simples e cartesiano. O caminho não está pavimentado. Você que terá de fazê-lo. O asfalto e maquinário necessários para isso é possível que você encontre por aqui.

CAPÍTULO 6

O QUE SE ESCONDE EM NÓS?

Em uma pequena floresta cercada por uma paisagem bucólica, caminhava um camponês atraído por um som que soava entre as árvores. Tratava-se de um filhote de águia que o encantou. Ele pegou o pequeno animal e o deixou no galinheiro junto com suas galinhas. Acreditava que se comesse e convivesse com elas poderia se tornar uma galinha também.

Um dia, um naturalista passando próximo a sua casa viu que entre as galinhas havia uma imponente ave de cor preta, com enormes asas e garras afiadas. Intrigado com o que via, foi até ao camponês indagá-lo sobre aquela cena que presenciava. O camponês explicou a história e disse que ela tinha se tornado uma galinha. Alarmado, o naturalista indagou:

— Uma galinha? Impossível. É uma águia. Nasceu águia e assim será. É o rei das aves e seu coração o fará voar às alturas um dia.

O camponês insistiu que isso não aconteceria e os dois resolveram colocar à prova suas teses. O naturalista empunhou a águia em sua mão e, erguendo-a ao alto, disse:

— Você é uma águia. Abra suas asas e voe!

A águia então repousou sobre seus braços, olhou para as galinhas ao chão e saltou em direção a elas. O camponês, convencido de suas ideias, disse:

— Viu só? Eu disse a você que é uma galinha.

O naturalista tentou novamente no dia seguinte, mas agora do telhado da casa. Proferiu as mesmas palavras e a águia se comportou da mesma maneira, descendo de suas mãos e se juntando às outras galinhas.

No terceiro dia, agora no alto de um morro, um lindo sol nascia e pintava toda a paisagem com um tom dourado. Levantou a águia em direção ao brilho que emanava do horizonte e os raios que de lá viam clareou seus olhos, enchendo-os de luz.

Tremendo e receosa, a águia abriu suas asas e, soberana, voou alto em direção ao sol e nunca mais voltou.

Essa parábola é uma adaptação da história contada por James Aggrey, professor e missionário no início do século XX. Ele acreditava que assim como a águia, há diversas pessoas que foram levadas a pensar que são pequenas e sua vida se resume ao galinheiro. No entanto, quando se abrem a descobertas e entendem suas reais aptidões, descobrem um mundo inteiro de oportunidades.

GÉRSON
NUNES

JOGADOR DE FUTEBOL

SUA SEGUNDA-FEIRA É FALAR DA ALEGRIA NOS PÉS

A paixão pelo futebol para Gérson Nunes veio de berço. Desde cedo, teve muitos incentivos de seu pai, que era jogador profissional do América, e de seu tio, jogador do Fluminense. Como resultado da inclinação ao esporte, somado ao incentivo familiar, com apenas 18 anos é contratado para atuar pelo time profissional do Flamengo: "No ano de entrada no clube, em 1958, conquistei o Tricampeonato Carioca, e em 1960 fui convocado para a seleção brasileira com o objetivo de disputarmos as Olimpíadas de Roma no mesmo ano. E aí você já sabe, nós nunca fomos bons em Olimpíadas e voltamos sem nada." A primeira convocação para um mundial só veio em 1966. Quatro anos depois foi novamente chamado, desta vez para integrar aquela que foi para muitos a melhor seleção de todos os tempos, a seleção brasileira de 1970. "Ali era um grupo focado para ganhar a Copa do Mundo. Nada mais importava do que vencer aquele torneio, e nós jogávamos um futebol alegre. Saímos de lá com o tricampeonato mundial."

Quando comparado com as seleções brasileiras atuais, Gérson chega à mesma conclusão que as pessoas que tiveram o privilégio de ver esta Copa costumam reportar: "Naquela época éramos 80% técnica e 20% condicionamento físico. Hoje é ao contrário. Os jogadores são muito melhores fisicamente, mas em geral com uma técnica muito inferior. Se déssemos esse preparo físico para aquele time de 1970 a seleção titular de hoje não teria vaga nem para carregar o material sujo de treino desta equipe que passou."

De fato Gérson era um jogador de futebol diferenciado. Conhecido como "Canhotinha de Ouro", seus lançamentos de perna esquerda tinham a mesma precisão quando feitos a dez ou a 40 metros de distância.

Grande parte desta técnica é resultado direto do comprometimento do jogador com um futebol de qualidade, que o levava a treinar lançamentos diariamente, por várias horas. "Depois que o treino acabava eu pegava uma baliza, essas que usam em corrida de salto, e a colocava na meia-lua da grande área. Ia até o lado oposto do campo e ficava lançando bola com o objetivo de acertar o meio da baliza que eu havia posto. Fazia isso por umas três horas, todos os dias. No dia do jogo eu fazia exatamente a mesma coisa. O quarto zagueiro saía e eu lançava a bola para o Jairzinho ou quem estivesse na posição dele. A gente nem precisava olhar um para o outro. Era automático." A missão de lançar as bolas era exatamente o seu papel em campo e, quando isso era feito com a perfeição que havia treinado, Gérson conta que ficava ainda mais feliz do que se fizesse um gol. Porque ele não estava ali para fazer gol, mas para cumprir seu papel de criação.

Em todos os clubes pelos quais passou no futebol profissional, Gérson conquistou títulos. Optou por se aposentar em 1974, encerrando a carreira no seu time do coração, o Fluminense. "Eu sempre fui Fluminense, mas também sabia dividir o pessoal do profissional. Ao jogar pelos outros clubes eu dava o meu máximo, independentemente se torcia por outro time."

Após se aposentar dos gramados, Canhotinha realizou mais um sonho que cultivava havia muito tempo: ser comentarista de futebol. "Eu sempre gostei de falar de futebol, então eu sonhava em ser radialista. E a mesma certeza eu tinha de não ser técnico de futebol. Não teria paciência com alguns diretores e jogadores." Passou por diversas emissoras de televisão e rádios, sendo até hoje um dos principais nomes da profissão. O que muitos não sabem, é que Gérson também dedica parte do seu tempo para ajudar o próximo. Ele fundou o Instituto Canhotinha de Ouro em parceria com a prefeitura local e atende 3 mil crianças, provendo alimentação, assistência médica, odontológica e educação. "Quando eu me aposentei, eu vi que tinha muitas crianças sem oportunidade, então resolvi fundar a instituição. Uma obra com foco social e não de formação de futuros jogadores de futebol. Quando esses casos acontecem, nós encaminhamos a clubes, pois o interesse é desenvolver as crianças para serem cidadãs."

Sobre a vida dentro e fora dos gramados, Gérson faz uma inteligente reflexão ao fim: "Existe profissão e gosto pela profissão. Enquanto o gosto estiver acima da profissão, pode continuar, porque está tudo certo. Quando a profissão estiver acima do gosto, é melhor parar porque não será bem-feita. Quando essa inversão começou a acontecer comigo, eu me aposentei. Dessa forma, saí dos gramados ainda na seleção brasileira. Hoje sou comentarista e não só gosto, como amo o que faço."

O PRINCIPAL SINTOMA

Há um processo invisível que ocorre dentro de nós capaz de tornar nossa segunda-feira um dia feliz. A esse estado podemos chamar de fluxo. Um dos pais da psicologia positiva e inventor do termo é o Mihaly Csikszentmihalyi do departamento de Psicologia da Universidade de Chicago. No clássico *Flow: The Psychology of Optimal Experience* (Fluxo: a psicologia da experiência ideal), Mihaly explica que esse estado provoca em nós uma sensação gratificante enquanto realizamos determinadas tarefas. Ação e recompensa se misturam. Nessa hora, nos tornamos mais focados e atentos. Estamos imersos na experiência e alcançamos o máximo de nosso desempenho. A respiração modifica, a mente se funde com o corpo, e nos sentimos atraídos, sem esforço, pela vontade enraizada no coração.

Você começa a realizar as ações ligadas a essa paixão e o tempo voa. Horas passam como se fossem segundos. Nesse instante você está conectado e em fluxo. O resultado não é só o bem-estar, mas uma facilidade enorme em exercer sua atividade. O que para a maioria das pessoas é difícil de fazer ou por vezes chato, para você se torna fácil a ponto de compará-lo a divertimento.

Planilhas assustam boa parte das pessoas, outras suportam, mas raros mesmos são aqueles que gostam. Thyago Silva, grande amigo, faz parte do ínfimo grupo dos apaixonados. Se eu estivesse conversando com ele sobre planilhas na empresa onde trabalhei e alguém nos interrompesse, esta pessoa apostaria que Thyago estaria falando de um romance shakespeariano. Não eram números organizados em colunas e linhas capazes de dar sono a quase qualquer pessoa. Ele visivelmente se alterava ao descrever o que ele faria com seu trabalho: "Nós podemos criar uma macro que pega todas essas variáveis, cruza com os dados daquela outra tabela e retorna um gráfico separado por *clusters*, o que acha?". Um leitor mais cético poderia dizer que, se não houvesse planilhas, o que seria do Thyago? Não nascemos com a aptidão exatamente direcionada a uma atividade específica, mas a um leque de possibilidades restringidas em uma área.

A comprovação veio logo a seguir, quando Thyago começou a estudar para uma prova que envolvia raciocínio lógico e quantitativo. Ele descrevia com a mesma paixão: "Bruno, ontem eu fiquei o dia inteiro resolvendo aqueles problemas de matemática. Pegava aquela lista com quarenta questões, fazia tudo e pegava mais. Acho que vou esgotá-los em breve."

Seu estado de fluxo acontece sempre que seu cérebro é estimulado a pensar na resolução de problemas que envolvam de alguma maneira raciocínio lógico e números. Ele pode ficar de oito a dez horas trabalhando com planilhas que não se sentirá entediado, nem dormirá resolvendo problemas matemáticos. O mesmo provavelmente não aconteceria se ele tivesse que pintar quadros ou estudar a história do Império Bizantino. Isso não significa que essas atividades sejam boas ou ruins, mas se são adequadas ou não a quem se propõe a fazê-las.

No entanto, não é só gostar do que se faz. É preciso que tudo esteja encaixado em metas e em um senso claro de objetivo. Ainda que mudemos nossas rotas enquanto caminhamos – o que é provável – o trajeto precisa ser bastante claro.

Há uma frase muito conhecida e dita por diversos gurus da motivação: "sem dor não há ganho", expressão do inglês *no pain no gain*. Eu acredito nessa frase, mas com cautela. O estado de fluxo acontece quando o desafio não é muito fácil para se tornar entediante, nem tão difícil para ser frustrante. Exceto os momentos em que é inevitável o sofrimento como, por exemplo, o vestibular, todo restante deve se ter engajamento.

Se for fácil demais, como assistir à televisão, ficar horas na internet ou mesmo dormir, isso não nos deixará contente. Apesar de estas atividades serem prazerosas para quem as pratica, elas necessitam de pouca determinação e força de vontade consciente. Sem a promoção de nosso crescimento e com o baixo desafio, somos levados ao relaxamento e ao tédio.

As atividades que amamos nos preenchem de energia mesmo quando estamos fisicamente exaustos, e as que não apreciamos podem nos consumir em minutos, mesmo quando estamos em dia com nossa saúde.

Isso acontece porque a cada momento que superamos nossos desafios, evoluímos e adquirimos mais complexidade, ficamos prontos para desafios maiores. É um ciclo virtuoso. Dando continuidade a esse processo, estamos na rota de nos tornarmos indivíduos extraordinários e provavelmente felizes. Por isso, as oportunidades que permitem usufruir dessa roda viva são tão envolventes: sem elas, a vida seria chata, sem sentido ou cheia de ansiedade. A felicidade, portanto, pode ser aumentada ao fazermos aquilo que amamos, e o significado da vida passa a ser qualquer coisa que tenha sentido para nós.

ADRENALINA

ALEXANDRE PULGA

LUTADOR DE MMA

SUA SEGUNDA-FEIRA PRECISA TER ADRENALINA

A relação de Alexandre com o que faria para o resto da vida começou aos 12 anos de idade em meio a uma partida de botão. "Eu estava na casa de meu amigo brincando até que vi seu irmão sair pela porta carregando um quimono. Aquilo me criou curiosidade porque eu já havia praticado judô e karatê, mas sua despedida avisando para onde iria com tal vestimenta me surpreendeu: 'Estou indo para a aula de jiu-jitsu.' Era 1992, e tudo que eu tinha visto sobre esta luta fora na televisão dentro de um esporte que chamavam de vale-tudo, um ano antes."

Alexandre, conduzido pela novidade, pediu ao irmão de seu amigo que o levasse e por sorte ele tinha um quimono reserva. "A primeira vez que pus aquela roupa e entrei no tatame eu me lembro de ter a certeza de que ali era meu lugar. Eu me sentia totalmente preenchido e empolgado."

Tamanha era a certeza naquela época que seu amigo lembrou há pouco tempo de algo que ele tinha dito quando jovem em uma tarde na praia: "Pedro, eu vou ser lutador de jiu-jitsu, eu vou fazer isso da minha vida." O esporte o deixara tão viciado que ele precisava daquela atividade todos os dias e várias vezes.

"Diferente dos outros esportes que eu tinha praticado, esse me deixou especialmente vidrado. Eu treinava de manhã, estudava à tarde e treinava à noite. Tinha dias em que eu conseguia sair cedo e era motivo para treinar de tarde também. Quando eu não conseguia chegar no horário, eu chorava por não conseguir treinar duas vezes por dia. O meu apelido, Pulga, surgiu nessa época, quando à noite eu pedia para treinar com os adultos. Chegava fim de semana e não tinha treino. O jeito que eu dava era treinar com meus amigos pegando-os como isca do meu vício."

Pulga chegou a fazer vestibular e ser aprovado para Educação Física, mas não cursou porque aquilo significaria para ele menos horas de treino. "Nunca passou pela minha cabeça isso e nunca tive essa pressão porque era uma coisa natural minha, que eu não ia enjoar.

Eu fazia porque gostava. Ainda tive a sorte de minha família sempre me apoiar, o que me permitiu seguir com aprovação."

Então, Alexandre começou a dar aula em academia e, assim, ter o seu próprio dinheiro. Contudo, ele faz um alerta importante: as lutas no Brasil são muito difíceis. "Você não se sustenta com o dinheiro da luta. Você se prepara para a luta três meses, tem que mudar a sua alimentação, gastar dinheiro com todo o preparo e ter ainda algo para cobrir possíveis danos físicos da luta."

A notícia boa, para uma mente preparada e disposta a dar jeito em tudo, é que é possível conseguir, também, dinheiro para o sustento.

Alguns anos depois, as competições de jiu-jitsu passaram a não dar mais a dose de adrenalina de que ele precisava. Até que chegou a oportunidade de experimentar a modalidade de vale-tudo em um evento para o qual foi convidado. "Foi impressionante. Eu comecei a treinar em minha academia, que não tinha estrutura para aquele esporte. Comecei a fazer boxe, muay thai e a manter o meu jiu-jitsu. Então eu tive minha primeira luta, saí contente com a vitória e a adrenalina no sangue. Porque no estilo de lutas marciais mistas você não sabe o que pode acontecer. Não é como no jiu-jitsu, que você bate e o oponente solta. Agora qualquer erro poderia me fazer parar no hospital. Apesar de ter todas as seguranças do esporte, você não sabe se vai quebrar o nariz, se você vai voltar inteiro pra casa." Essa adrenalina de estar o tempo todo na corda bamba, na eminência de vitória ou derrota, o motivava.

"Ninguém faz isso somente por dinheiro. Faz por paixão ao esporte. Um advogado, um administrador ou um engenheiro podem não gostar do que estão fazendo, mas vão fazer porque o dinheiro é garantido. O MMA (Artes Marciais Mistas, em português) é diferente; se você não gosta, você não faz. Tem que ter coração, tem que amar o que está fazendo. Então eu me adaptei muito bem a isso." Com um histórico de 13 vitórias e apenas uma derrota nos ringues, Alexandre mostra que o resultado de toda paixão e esforço é o mesmo sempre. Independentemente da área de atuação que você escolher será bem-sucedido com esses ingredientes.

"Hoje em dia sou reconhecido internacionalmente. Consegui expandir o horizonte do meu trabalho, tenho uma qualidade de vida boa, tenho uma estrutura de treino mundial e já estou no segundo maior evento do mundo, o WSOF (World Series of Fighting). Estou treinando na equipe do Vitor Belfort na Blackzilians e pronto para participar do maior evento do mundo, o UFC."

A descoberta da essência varia de pessoa para pessoa. Para Alexandre Pulga, ela vem com a intensa atividade física, do esporte exaustivo e da adrenalina de estar no octógono. Para outros, ela surge com atividades passivas e leves como a escrita, pintura ou a fotografia. Não há um único fator ou estrada que nos leve a chegar a esse estado, porém achá-lo será meio caminho para se sentir mais feliz em seu dia a dia.

A QUESTÃO DO TRABALHO

Estou sem enxergar muito bem. Vejo no espelho que meus olhos estão bastante vermelhos, e então não resta dúvida: estou com conjuntivite. O problema era que eu estava muito próximo de defender minha dissertação. Encarei esta debilitação física como o último desafio do mestrado e como motivação para seguir escrevendo. Decido ir ao médico para saber o tratamento, porque o diagnóstico era óbvio. O totalmente inesperado aconteceu dois dias depois, quando o telefone tocou. Era o oftalmologista querendo saber se eu já estava melhor. Surpreso, eu disse que ainda estava mal, e então ele pediu que eu retornasse ao consultório. Essa preocupação que raramente recebemos nos serviços em geral, me fez relembrar as poucas vezes que vi isso acontecer.

Lembro-me de que minha vó às vezes falava do gentil motorista de ônibus chamado Itamar. Sempre que ele a via, mesmo muito longe de onde deveria parar, ia a seu encontro. Cortava, às vezes, as três pistas só para minha vó não precisar atravessar a rua. Ela lembra aos risos que alguns outros carros buzinavam e bravejavam insultos por conta da brusca virada na pista. Fato semelhante de preocupação e zelo só me vem à memória com a querida secretária acadêmica da FGV, Celene. Impossível não admirar a maneira como ela realiza seu trabalho. É uma mãe que por vezes não nos deixava esquecer o horário das aulas, os trabalhos e os compromissos. Se tivéssemos algum problema e ela soubesse, ela faria absolutamente tudo para nos ajudar, indo muito além do que é exigido por seu cargo.

O que há de comum entre o meu oftalmologista, o motorista de ônibus e a secretária acadêmica? Todos eles enxergam seu trabalho com propósito. Sabem que de alguma forma são importantes na vida das pessoas. O médico não só passa o remédio, o motorista não somente dirige e a secretária não só faz telefonemas e cumpre agendas. Amy Wrzesniewski,[57] da Universidade de Yale, estuda como as pessoas dão significado ao seu trabalho. Para ela, existem três formas principais de o indivíduo encarar sua atividade laboral: como emprego, carreira ou, como já dissemos, missão.

A palavra trabalho vem do latim *tripalium*, nome de um instrumento de tortura. Se precisássemos achar o criador dessa palavra, decerto seriam aqueles que enxergam o trabalho como emprego. Esse indivíduo tem a recompensa financeira como única justificativa por ter se martirizado aproximadamente 22 dias úteis no mês. Outros, menos desgastados por sua escolha de vida, encaixam-se na ideia de trabalho como carreira. Esses agora veem sua atividade como meio para um fim mais amplo que não abrange somente o dinheiro, mas também a progressão e o sucesso. São os que estão dispostos a abrir mão, às vezes, de tempo com a família e amigos com a ambição de atingirem seus objetivos. Afinal, nada mais importa que o sucesso. Enxergar a vida como carreira pode torná-lo feliz, contanto que esteja atento ao separar o joio do trigo, o momento em que precisamos nos dedicar à carreira e aquele em que é preciso desfrutar dela. Por fim, a missão, trabalho que se torna gratificante não pelo dinheiro, mas por haver propósito. Esses indivíduos normalmente vão além do que é estritamente seu trabalho e surpreendem as pessoas que usam os serviços por eles prestados. Sentem que são parte de algo maior e que têm responsabilidade pelo que exercem.

CAPÍTULO 7

O MAIS FORTE INDUTOR DE FELICIDADE

Feche os olhos. Pense em alguém que tenha feito algo realmente maravilhoso ou importante a você. Permaneça assim por mais alguns instantes. Agora, se possível, pegue um papel e escreva tudo de bom que ela fez por você. Por que ela foi tão importante? O que de fato mudou em sua vida com a presença dela?

Agora que você escreveu algumas boas linhas e encheu o papel de palavras bonitas, sinta o bem que isso fez em você. Lembrar que alguém foi bom por ser bom, não porque você o pagou para isso. Fez o bem pelo bem. Se tiver coragem, pegue o telefone, ligue para essa pessoa e leia a carta. Isso mesmo. Leia para ela. Então você terá experimentado uma das mais potentes emoções para uma vida feliz: expressar nossa gratidão.

Se lhe falta coragem, saiba que um grupo chamado Soul Pancake, baseando-se em um estudo científico sobre a gratidão, fez exatamente esse experimento, gravou-o e publicou-o no youtube. Chama-se *A ciência da felicidade: uma experiência de gratidão*. Essa ideia é fruto de uma revisão feita por Martin Seligman e Tracy Steen.[58] As pessoas que somente escreveram a carta mostraram um crescimento de 2% a 4% dos níveis de felicidade. No entanto, aqueles que ligaram e mostraram sua gratidão tiveram um aumento de 4% a 19% desses níveis. Constataram ainda que os maiores aumentos de felicidade se deram nas pessoas que chegaram para realizar o experimento com os níveis mais baixos de bem-estar subjetivo. Isso significa que a gratidão é um poderoso remédio contra os infortúnios da vida.

Sermos gratos independentemente da vida que levamos. Deleitar-se com este sentimento elevará seus níveis de felicidade. David Steindl-Rast, monge beneditino, disse certa vez: "Uma queda de energia nos torna conscientes da dádiva da eletricidade, uma torção no tornozelo nos faz apreciar o caminhar; uma noite insone, o sono. Perdemos muito da vida por nos darmos conta das suas dádivas somente quando somos repentinamente privados delas." Um exemplo extremo de gratidão é do palestrante motivacional Nick Vujicic, que não possui braços nem pernas e afirma que é muito grato pela vida que tem. Ele consegue escrever, atender o telefone, nadar, escovar os dentes, se arrumar e inúmeras outras atividades que qualquer pessoa realiza. Suas limitações não foram empecilho para seguir sua vida. Tratou de desenvolver novas habilidades e hoje seu propósito é mostrar a todas as pessoas que ninguém é totalmente incapaz de obter êxito no que almeja e que sem dúvida a gratidão é a chave para uma vida feliz.

UM TRABALHO GENEROSO

Um professor que tive certa vez disse em uma de suas aulas como havia escolhido sua profissão: "Eu trabalhava muito com finanças em um banco. Passava cerca de dez horas por dia e isso me estressava tanto que estava a um passo de sofrer um enfarte. Por isso, em um dos meus acessos de loucura, pus a pensar sobre tudo que estava vivendo. Se eu morresse naquele momento e Deus me perguntasse o que fiz da vida, só poderia dizer que aumentei os lucros da empresa na qual trabalhei. Fiquei alarmado com tudo aquilo e decidi mudar radicalmente. Descobri no magistério, não a tranquilidade plena, mas a vida com propósito. Agora eu poderia dizer algo melhor a Deus. Direi que ajudei pessoas e mudei vidas."

Não era somente a finalidade de dar aulas e ensinar. Havia algo diferente e atribuo isso à generosidade.

No momento em que nós somos generosos com as pessoas, damos a elas a oportunidade de manifestarem sua gratidão. As pessoas são mais gratas quanto mais generosas forem nossas ações. Isso é incrível, porque cria um ciclo interminável de boas ações. A gratidão de quem recebe um benefício é bem menor que o prazer daquele de quem o faz, dizia Machado de Assis. Verdade essa que Santo Agostinho já conhecia no século IV, quando disse: "Se o homem soubesse as vantagens de ser bom, seria um homem de bem por egoísmo."

Essa relação de troca na qual ambos ganham existe também dentro de sala entre professores iluminados e alunos dispostos a aprender.

ALVARO
MENDES

PROFESSOR UNIVERSITÁRIO

SUA SEGUNDA-FEIRA JÁ FOI DEPRESSIVA

Tudo começou no dia 6 de junho de 2005. Era para ser um dos melhores dias da sua vida. Com apenas 21 anos e cursando Ciências Econômicas na Uerj, ele havia sido admitido no maior banco público do país e possuía uma ótima expectativa de crescimento profissional. Em apenas um ano já havia dobrado o salário inicial.

Parecia algo perfeito para quem cresceu ouvindo das mais diversas pessoas que na carreira profissional o concurso público seria o único caminho interessante. "Se você passar em um concurso, Alvaro, você vai ter estabilidade, dinheiro, tranquilidade e vai ser feliz", diziam. Contudo, faltava o principal fator: a paixão. Sentimento esse que não estava no concurso, mas na docência. Essa vontade de exercer uma carreira voltada para ensino e pesquisa Alvaro diz ser resultado da admiração que nutria pelos professores que teve na vida. Via como eles se dedicavam à causa e à vocação que tinham de mudar vidas.

Saber o que fazer da vida era só a ponta do iceberg. Ainda precisaria de muita coragem e convicção para realizar a mudança. As pessoas, querendo seu bem, o freavam: "Como você vai abandonar um concurso tão bom? Como pensa em abrir mão da estabilidade? Você ganha muito bem, e a pressão não é tão grande como na iniciativa privada!". Com tantas pessoas dizendo o oposto do que ele sentia, tentou se convencer de que só poderiam estar certas. No entanto, a cada promoção que obtia, seu bem-estar não aumentava como tinham lhe dito. Trabalhar era cada vez mais uma atividade pesada e cansativa. Diante disto começou a se dar conta de que as pessoas estavam erradas. Somente dinheiro e estabilidade não lhe trariam a felicidade de que tanto falavam.

Ter constatado o erro que havia cometido e saber como acertá-lo foi suficiente para tomar a decisão de mudar a vida. Pediu demissão do emprego estável para que pudesse se dedicar ao processo seletivo de doutorado. No mesmo ano, passou na seleção de um grande centro de Economia. Hoje leciona em Minas Gerais. "O mais difícil foi quando precisei tomar a atitude de sair do trabalho. Você entra em um túnel onde há uma luz ao final e um trem vindo em sua direção. Não dá para recuar mais. Depois que a decisão é tomada, a única saída é provar para si mesmo que você fez a escolha certa. Eu tinha escolhido exercer uma profissão que fazia sentido para mim, e não tinha mais por que retroceder."

O REI PRECISA DE UMA CAMISA ESPECIAL

Um rei, certa vez intrigado com as questões que envolvem a felicidade, incumbiu um de seus servos, um jovem aventureiro, a trazê-lo a camisa de um homem feliz. O rapaz, empenhado em servir sua majestade, correu mundo afora, pesquisando, entrevistando e buscando incansavelmente. Ele ouviu nada além de queixas e lamentações, aonde quer que fosse. Quando o homem era rico, não tinha o bastante; se não fosse rico, era culpa de alguém. Quando era saudável, havia uma sogra indesejável em sua vida. E se tivesse uma boa sogra, a gripe o estava atacando. Todos tinham algo do que reclamar, até que encontrou um pastor em um vasto campo verde rodeado de ovelhas dizendo ao vento: "Obrigado Senhor! Concluí meu trabalho diário e ajudei o meu semelhante. Comi meu alimento, e agora posso deitar-me e dormir em paz. O que mais poderia eu desejar?"

O enviado do rei não teve dúvidas de que aquele homem grato era a pessoa feliz que ele tanto procurava. Havia apenas um problema: o homem feliz não usava camisa.

IRMÃO
AGRAZIATO

RELIGIOSO

SUA SEGUNDA-FEIRA É CUIDAR DO PRÓXIMO

Eu tive o prazer de conhecer uma pessoa como o camponês da história anterior, mas que por sua vez usava hábito, vestimenta própria dos religiosos da Toca de Assis. Quando jovem, aos 14 anos, começou a ler sobre São Francisco de Assis e a sentir um forte desejo de ser como ele. Recorda-se de pegar os livros e se encantar com tudo aquilo. Morador do interior de São Paulo, resolveu se mudar, aos 21 anos de idade, para o Rio de Janeiro, a fim de cursar Museologia na Unirio.

Naquele mesmo ano de sua vinda para a cidade grande, Agraziato tratou de conhecer todas as igrejas da ordem franciscana, e hoje lembra-se de ter se apaixonado pelo convento de Santo Antônio. "Eu saía do estágio no Museu Histórico Nacional e ia direto ao convento, ficava rezando por um bom tempo enquanto a missa não começava. Fui bebendo cada vez mais daquela fonte, e aquilo de alguma forma me direcionava a um propósito maior."

Já com 26 anos, Agraziato, em conversa com um frei do convento, resolveu dar início a sua vocação. "Fiquei lá por mais de dois anos, até que um dia o frei me chamou para conversar e disse que não seria bom eu continuar. No longo prazo, eu não me identificaria e seria bom dar um tempo. Não entendi muito bem o porquê daquilo, mas acatei como sendo a vontade de Deus para mim." O seminário era em Santa Catarina e, com a saída, voltou ao Rio de Janeiro para continuar de onde havia parado após a faculdade.

Uma vez distante da vida integralmente dedicada à religião, Agraziato passou a ter uma rotina como a de muitos jovens de sua idade no bairro boêmio de Santa Teresa. Baladas, bebidas e namoros foram tomando cada vez mais espaço em sua vida. "Eu nunca larguei a missa, o terço e a devoção a Nossa Senhora e a São Francisco, mas de fato eu me distanciei bastante. Deus foi muito sábio com sua pedagogia. Eu acho que precisava de certa forma passar por essas experiências para entender ainda melhor o meu caminho."

Neste mesmo período, Agraziato chegou também a abrir uma empresa. Rapidamente surgiram problemas com os sócios e com o empreendimento, mostrando de forma ainda mais acentuada quão desconectado estava tudo aquilo de quem ele realmente era. Precisava se ver livre daquele peso o mais rápido possível.

Em 2000, aos 40 anos, Agraziato foi visitar a Toca de Assis depois de escutar pela rádio um testemunho de uma irmã que falava sobre o trabalho realizado pela fraternidade. "O meu coração queimava escutando ela falar, e eu vi que era hora de seguir aquele caminho. Fui até a casa dos irmãos, contei sobre toda minha vida e disse que de alguma maneira Deus me chamava para ser um deles. Por sentirem que era uma vontade verdadeira, fui prontamente aceito por eles e comecei a minha caminhada no vocacionado."

Isso implicaria largar seu trabalho como restaurador de imagens, se desvencilhar de todos os bens materiais, viver uma vida casta e se dedicar integralmente ao Santíssimo Sacramento* e aos irmãos que sofrem nas ruas. "No meu primeiro ano, trabalhei muito nas ruas dando alimento aos irmãos e como aspirante em nossa casa em Madureira, no Rio de Janeiro. Acolhíamos cerca de 30 irmãos dando alimento e banho. Depois me mudei para uma casa em Campinas, onde colocamos 18 macas e começamos a receber pessoas que estavam doentes, mas não tinham onde se tratar. Lá os tratávamos, e eu via no rosto de cada irmão o brilho da luz de Jesus Cristo. Algo realmente que me preenchia de forma indescritível e enchia minha vida de significado."

Depois dessas experiências, irmão Agraziato ainda passou por diversas casas em Fortaleza, Valinhos, Uberaba, Londrina, nas quais desempenhava o mesmo papel das casas anteriores. Até que seis anos após sua chegada à fraternidade, foi aberta a primeira casa contemplativa da Toca, onde leva até hoje uma vida totalmente dedicada à oração.

Junto a este belo exemplo de vida somam-se centenas de outros irmãos espalhados por todo o Brasil. Todos eles também tiveram

---

* É a presença de Jesus Cristo através da hóstia no altar.

que deixar seus familiares, emprego, dinheiro e alguns até namorada, para levar uma vida dedicada aos pobres que sofrem nas ruas da cidade. São chamados de "Filhos da Pobreza do Santíssimo Sacramento", que, junto com as "Filhas da Pobreza", compõem a Fraternidade Toca de Assis. O mais impressionante nisso? São incrivelmente felizes e realizados.

PARTE IV

UMA SEGUNDA--FEIRA COM CARA DE SEXTA, POR FAVOR

"Só uma coisa torna um sonho impossível: o medo de fracassar."

Paulo Coelho

A essa altura você já deve ter refletido sobre algumas questões relacionadas ao que você pensa e ao que a sociedade entende. Ter uma segunda-feira agradável muitas vezes significará nadar contra a correnteza. Discordar das pessoas e seguir seu coração. É nesse momento que a estrada lhe apresenta uma bifurcação: você deseja o lado seguro, onde nossos pais, amigos e sociedade nos apoiam, ou o caminho que é nosso, que somente nós poderemos trilhar e em que dificilmente teremos apoio? Viverá a sua vida ou a vida que os outros desejam? Se você esperar sempre para ter certeza de qual caminho seguir, é provável que você nunca saia do lugar, porque dificilmente teremos o melhor dos cenários para que isso ocorra. Tome iniciativa e arrisque, pois a maioria das nossas suposições pessimistas sobre o futuro, caso seja escolhida a mudança, não se concretizam.[59] Entenda que a desordem faz parte desse processo e que as incertezas sempre existirão.

Fora do contexto deste livro estão muitas pessoas no mundo. Aquelas que vivem abaixo da linha da pobreza em países ou cidades que não lhes garantem o mínimo para que sobrevivam (moradia, saúde e alimento), e para que progridam. A esses nada mais interessa além de se manterem vivos. No entanto, acima desse nível – exceto raríssimas exceções – todos têm a possibilidade de chegar aonde quiserem. Nesse grupo estão desde os que recebem salários baixos aos muito ricos: os pobres que não buscam o aperfeiçoamento, a classe média que se acomoda na zona de conforto e os milionários que trabalham 14 horas por dia para manter seu padrão de vida – sendo estes os que ignoram saúde, família e amigos porque precisam estar conectados ao seu ofício a fim de ganhar mais dinheiro, mesmo que nem tenham tempo para usufruí-lo.

Ter uma segunda-feira feliz significa fazer algo por prazer e se atentar às coisas que são verdadeiramente importantes. Não é deitar-se eternamente em berço esplêndido nem exagerar o foco em poder, dinheiro e status.

CAPÍTULO 8

O PRIMEIRO PASSO

Independentemente de qual seja sua idade ou de quais escolhas você já fez durante a vida, é de suma importância para sermos felizes, e consequentemente bem-sucedidos, saber qual é o nosso lugar e para que atividades temos aptidões. Outro ponto importante é que algumas pessoas descobrem sua vocação cedo, mas depois percebem a necessidade de mudança. Sentiam enorme prazer e conectividade com o que faziam, mas em determinada hora entendem que mudar é necessário. Essa mudança não provoca alteração no seu entusiasmo porque dificilmente a essência do que os motivava no primeiro momento muda em outras instâncias. Algo fica e esse vestígio é característico do seu ser.

REIMONT

OTONI

POLÍTICO

SUA SEGUNDA-FEIRA É ERGUER TENDAS

Nascido em uma pequena cidade no interior de Minas Gerais, Reimont via em sua janela um horizonte limitado de opções para sua vida. "Atrás de minha casa despontava uma serra, aquelas montanhas de Minas que eu e todos os outros meninos de lá achávamos que ao subi-las tocaríamos o céu: ali acabava o mundo e aquele era o meu horizonte."

Um mundo inteiro se escondia por trás daquela paisagem, e pequenas manifestações em sua vida ditariam seus próximos passos.

O primeiro sinal veio quando brincava de trazer pássaros à gaiola. "Eu ouvia o canto dos pássaros e tentava aprisioná-los em alçapões com canjiquinha dentro, um milho quebradinho que os 'papa arroz' e 'coleirinhos' adoram. Contudo, a gaiola amanhecia sempre vazia. Meu pai soltava os bichos na calada da noite... Ele era um homem livre de verdade, e homens livres não gostam de aprisionar nada nem ninguém."

Essa maneira de interpretar as coisas logo resultaria em algo que marcou a vida dele e o fez sair de casa jovem, aos 14 anos de idade. "Era jubileu, festa religiosa de minha região, entre 13 e 24 de junho de 1976. Passando pelo adro do santuário, vi uns rapazes fazendo uma barraca de bambu e lona de plástico. Quando me dei conta, estava eu também ajudando a erguer aquela tenda que serviria para abrigar os mendigos que iam lá pedir esmolas. Um deles havia morrido porque as noites nessa época são muito frias."

Reimont conta que ficou apaixonado pelo trabalho, mesmo depois de já ter capinado rua e vendido caju de sua "Vó Fina". De fato, aquele simples trabalho de levantar tenda foi marcante, dado seu significado. À frente dessa iniciativa estavam jovens do Rio de Janeiro, noviços da paróquia dos Capuchinhos. "Posso considerar que o meu primeiro trabalho foi fazer aquela tenda, porque me deu muito prazer e, como disse, mudou minha vida. Trabalho é para isso, para mudar a vida da gente."

Os jovens missionários foram um exemplo para ele e serviram de chamado de Deus para uma vida igual àquela. Sentia que era seu lugar e que ficaria bem fazendo aquele trabalho. "Vi que eu poderia, como aqueles rapazes, largar minha família, minha casa, minha cidade, meus amigos e me preparar para dar voos mais altos. Fui para o seminário dos capuchinhos e foi esta decisão que, precedida da formação que recebi de minha família, formou o homem que sou hoje."

Foram longos vinte anos na ordem dos frades capuchinhos, chegando ao sacerdócio, no qual se dedicou especialmente aos mais pobres quando dirigia a Paróquia de São Sebastião na Tijuca, cidade do Rio de Janeiro. Uma vida de longas horas de oração, santa missa e trabalhos sociais. Vida com a qual os franciscanos lidam bem.

Depois de muito discernimento e reflexão sobre as coisas que havia vivido, Reimont entendeu que sua vocação não poderia continuar sendo a de padre. O hábito franciscano daria lugar à camisa social de professor secundarista e de marido, sem perder as raízes divinas que o fizeram chegar até ali. Não muito depois, entraria para a política. "Com o tempo, compreendi que era, sim, um vendedor, mas não de papéis ou de algum serviço ou produto. O que eu sabia era vender o que me motivou na infância: sonhos, possibilidades, projetos e perspectivas. Por isso fui para a política, candidatei-me a deputado estadual em 2006, mas perdi a eleição. Em 2008, candidatei-me a vereador e fui eleito, para surpresa minha e de muitos. Em 2012, fui reeleito e vejo que sou muito feliz com o que faço porque, em meio a tanto descrédito da classe política, alguém tem que dizer que há outra realidade possível e que precisa ser costurada por todos."

Dono de uma reputação ilibada, Reimont é amigo de minha família desde a época de sacerdócio, e eu sabia que sua história seria importante. Não por ter largado uma vida tão bonita como a de religioso, mas pela coragem de entender que não era exatamente aquela a sua vocação e de ir atrás do que fazia mais sentido para ele. Persistir na vida religiosa sem a total entrega à religião não seria benéfico à Igreja nem a ele.

QUEM SOU EU?

Essa pergunta move o mundo até hoje. Foi respondendo a ela que surgiram grandes gênios. Santos Dumont criou o primeiro avião, Nikola Tesla, envolvido com seus estudos que passavam de onze horas por dia, descobriu a corrente alternada, e Galileu Galilei inventou o telescópio. Aptidão é algo que nem sempre enxergamos que temos. E muitas vezes quando temos não a usamos. Há uma parábola na qual um bebê camelo resolve interrogar sua mãe sobre os atributos que via impresso em seu corpo:

— Por que os camelos têm corcova?

— Nós somos animais do deserto e precisamos das corcovas para reservar água, já que fazemos caminhadas extensas.

— Certo, e por que nossas pernas são longas e nossas patas arredondadas?

— Filho, elas são assim para facilitar nossa caminhada na areia do deserto.

— Agora, por que nossos cílios são tão longos e grossos?

— Esses cílios são como uma capa protetora para os olhos quando estamos diante de uma tempestade de areia.

— Vamos ver se eu entendi direito, mãe. A corcova é para armazenar água, as pernas para caminhar no deserto e os cílios são para proteger meus olhos da areia. Então, o que estamos fazendo aqui no zoológico?

O primeiro passo, portanto, é saber exatamente quem somos. A partir dessa resposta nortearemos todos os outros passos seguintes. Quando não se sabe a direção, qualquer caminho serve. É preciso haver esse encontro do prazer de se realizar algo com o propósito de fazê-lo. O apaixonado jogador de futebol sonha com uma partida no Maracanã, o jornalista com a televisão e os músicos com seu primeiro grande show.

MARCELO
GALVÃO

CINEASTA

SUA SEGUNDA-FEIRA É LUZ, CÂMERA E AÇÃO

De sonho e realização Marcelo Galvão entende, dentro e fora das telas do cinema. A decisão de mudar radicalmente de vida e ir atrás do que realmente era sua paixão aconteceu depois de trabalhar em uma agência de publicidade e propaganda. "Eu sentia que 90% do meu trabalho estava indo para o lixo. Eram trabalhos bons e criativos, mas o que eu fazia não era o que saía, e então resolvi largar tudo. Vendi meu carro e fui morar fora. Eu queria muito fazer um curso de cinema, e Nova Iorque era o lugar perfeito. Óbvio que o dinheiro do carro não seria suficiente", conta Marcelo.

Por ser faixa preta de jiu-jitsu, ele começou a dar aulas em uma academia e a usar este mesmo lugar como seu lar – o tatame era a sua cama. Esse estilo de vida durou aproximadamente um ano, até que, por questões de saúde de seu pai, teve que retornar ao Brasil.

Saiu do país como redator publicitário para retornar como diretor de cinema. Chegou ainda a receber uma proposta de salário quatro vezes maior do que o seu emprego anterior, mas como no trabalho oferecido não havia sinergia com seu sonho de cineasta, foi prontamente recusada. Nada seria mais importante do que fazer logo seus primeiros filmes. Após um convite, começou a trabalhar em uma produtora de São Paulo. Nessa época, Marcelo teve o primeiro contato com a ingrata indústria cinematográfica no Brasil. Algo que o desanimava, mas não impedia de seguir adiante. Produziu de forma rápida um dos longas-metragens mais baratos do Brasil, e em tempo recorde: em apenas uma semana. O medo de ser um fracasso total o fez produzir um documentário sobre a maneira como produzia esse filme. Dessa forma, se o filme fosse um fiasco ele pelo menos teria um documentário. O nome não poderia ser melhor para descrever o que Marcelo estava vivendo: *Lado B: como fazer um longa sem grana no Brasil.*

Como esperado, deu muita coisa errada. "Os produtores pediram demissão uma semana antes, o técnico de som pegou malária, o fotógrafo saiu e tive que demitir dois atores pouco antes do prazo final. Substituí um dos demitidos por um amigo, e chamei meu cunhado, que era norte-americano, para fazer o papel de um gringo. Só tinha um problema: eles não eram atores. A polícia invadiu o estúdio e até o dono do espaço onde gravávamos pediu para acabarmos logo, porque ele precisaria do local. Enfim, o documentário estava ficando muito bom justamente por tudo estar dando errado. Afinal, estávamos mostrando como é difícil fazer um filme sem dinheiro." A diretora de arte chegou a dizer a Marcelo que não participaria mais do projeto porque seria um vexame. Essa diretora era, e ainda é, sua esposa.

O documentário acabou sendo selecionado para a 29ª Amostra Internacional de São Paulo e ganhou prêmio de melhor filme escolhido pelo público. O projeto que todo mundo achou que seria um fracasso, acabou indo a várias partes do mundo. Depois desses dois filmes, o documentário e a ficção, Galvão fez mais outros dois longas de ficção, porém foi somente o seu quinto longa-metragem que seria o filme que marcaria pra sempre sua vida e o lançaria na mídia nacional. A produção do filme *Os colegas*, protagonizado por três jovens com síndrome de Down, contou com a participação de Lima Duarte, Marco Luque, entre outros. Da idealização ao lançamento de um filme tão inovador passaram-se sete anos, muito por conta da escassez de dinheiro. "Ouvi vários famosos do meio dizerem que 'ninguém quer ver um filme com pessoas com síndrome de Down'. As pessoas querem ver filme com sangue e o vale-tudo estava começando a ficar na moda. Eu já gostava de luta, então achei que seria legal um filme sobre lutas. Mas meu pensamento era que eu ganharia muito dinheiro com isso e com esse dinheiro eu bancaria *Os colegas*. E aí eu fiz o *Rinha*, que era o tal filme de luta, e acabei não ganhando nada."

Contudo, o investimento não foi totalmente em vão. Com o *Rinha*, Marcelo conseguiu fundar a escola de cinema da Gatacine, que era a sua produtora. Selecionou dez alunos que não sabiam nada de cinema e deu a eles várias aulas teóricas, trazendo também especialistas para ensinar fotografia, direção de arte, produção etc. Em seguida, esses alunos iam a campo. Participando de todo o processo de filmagem do longa-metragem que ele estiver fazendo, os estudantes literalmente acompanham tudo e ajudam a fazer o filme: o desenvolvimento do roteiro, o laboratório com os atores, as filmagens e até as edições finais. Minha reação foi achar que por ser um curso completo, o dinheiro que vinha desses alunos poderia ajudá-lo nos custos, mas Marcelo me surpreendeu dizendo que o curso era gratuito.

Mesmo sem retorno financeiro, o filme *Rinha* traria, além da possibilidade de abertura do curso, alguns prêmios que foram fundamentais para tocar seu projeto do filme *Os colegas*. A ideia para essa produção veio de seu tio que tinha síndrome de Down e o proporcionou uma juventude alegre por sempre falar coisas positivas. Ariel Goldenberg, um dos protagonistas com a síndrome, foi peça fundamental na concepção do projeto, inclusive por trás das câmeras. É um garoto que não aceita não como resposta. "Ele ia comigo à produtora não porque ele precisava ir, mas porque ele me dava força para continuar nesse projeto. Um projeto em que você ouve muito não, muito preconceito. E isso foi desde o início. Desde que eu o chamei para fazer o filme, ele já perguntava: 'Você tem o dinheiro para o filme?'. E eu disse: 'Não, são 6 milhões de reais. Isso leva tempo.' 'Por que você não pede ao Lula?' 'Eu não tenho o telefone do Lula.' Então ele desligou o telefone, e em alguns minutos começaram a chegar várias mensagens de fax com o telefone do Palácio do Planalto. Ele me liga de volta e diz: 'Agora você tem o telefone, liga pra ele.'" Essa maneira de ignorar as coisas ditas improváveis era uma característica também de seu tio e é tema central do filme. A capacidade de acreditar nos sonhos. Na trama, cada jovem sonha em realizar um sonho diferente. Ariel, no papel de Stalone, deseja ver o mar; Breno Viola, encenando o jovem Marcio, sonha em voar, e Rita Pokk, na personagem Aninha, quer se casar. Todos realizam seus sonhos de forma divertida.

O filme foi um sucesso e ganhou prêmio de melhor longa-metragem nacional no 40º Festival de Gramado. Trabalho esse de todos os integrantes do filme e especialmente de Ariel, que ajudou Marcelo de forma ímpar a prover os fundos para o filme "Ele foi um cara que sempre batalhou. Ele captou sozinho mais de 500 mil reais para o filme. Ele também ajudou a fazer o filme ganhar mais proporções com a campanha nas redes sociais com a hashtag* 'vemseanpenn'. Contamos às pessoas o que era perseguir seus sonhos. Essa campanha mostrou quem era o Ariel. Ele sonhou e conquistou tudo, só faltava conhecer seu ídolo, o astro de Hollywood, Sean Penn. Tinha se tornado ator de cinema, ganhou prêmio no Festival de Gramado, foi capa da revista *Veja* e apareceu em vários programas de televisão. Tudo havia sido feito, só faltava esse encontro." A campanha "Vem Sean Penn" tinha o intuito de trazer seu ídolo para assistir à estreia do filme ao seu lado e contou com o apoio de vários famosos, como o ex-presidente Fernando Henrique Cardoso e o jogador de futebol Neymar. Em dois dias, mais de 1 milhão de pessoas tinham assistido ao vídeo. Infelizmente o seu ídolo não compareceu, mas nada que sua incrível capacidade de perseguir sonhos não pudesse resolver. Ariel pegou um avião para os Estados Unidos com o endereço da casa do Sean Penn em mãos. Bateria na porta dele até que resolvesse atendê-lo, e dessa forma aconteceu. Passaram um dia juntos conversando, comendo churrasco e tirando fotos.

Já no ano de 2014, Marcelo Galvão volta a Gramado com o seu novo filme, *A Despedida*, levando prêmio na categoria longa-metragem brasileiro de melhor diretor, melhor atriz (Juliana Paes), melhor ator (Nelson Xavier) e melhor fotografia (Eduardo Makino).

Essa característica é fundamental nas conquistas. Nem sempre o caminho é perfeitamente traçado, e dificilmente tudo ocorrerá conforme previsto. "Quando ouvir um não, entender que não se deve desanimar e correr atrás. De um limão, transformá-lo em limonada. Só assim se constrói algo."

---

* O popular símbolo do "jogo da velha". Ele serve para criar palavras-chave e identificar correntes de pensamento nas redes sociais.

GRADUADO E DESEMPREGADO

Eu tinha acabado de apresentar minha monografia e vinha a sensação de que finalmente eu era um administrador. Uau!

Eu tinha me formado e conseguido o pedaço de papel que me colocaria nas estatísticas dos brasileiros com ensino superior. Costumava até brincar dizendo que agora eu poderia ser preso, que teria prisão especial, piada antiga que escutei muito dos mais velhos. De certo era a única vantagem que eu via em ter aplicado quatro anos naquele curso. Eu me sentia um "pato". Fiz um curso que me ensinaria a nadar, mas não muito bem. Aprendi a andar, mas não andava tão bem. Conseguia voar, mas pouquíssimo acima do chão. Diferenciar-se com um diploma tão abrangente depende muito mais de você do que das oportunidades do mercado. É preciso escolher uma das dezenas de subáreas de Administração e se especializar. Dessa ideia surgem os cursos de pós-graduação, que muitas vezes também seguem esta linha genérica. Bom mesmo é buscar o conhecimento de forma autônoma. Muitos outros profissionais em áreas diversas (engenharia, comunicação, tecnologia) me confessaram a mesma coisa: a faculdade pouco nos prepara para o mercado. Fique alarmado quando escutei de um formando em Medicina essa mesma ideia. Ele havia dito que aprendeu mesmo quando foi aos hospitais trabalhar, aquele contato direto com outros médicos mais experientes e os enfermos é que era sua faculdade.

No século passado, a graduação era a menina dos olhos dos brasileiros que se formavam. Tamanha era a importância, que nessa mesma época surgiu a ideia de chamarmos advogados e médicos de doutores. Era a forma como os mais pobres tratavam os mais ricos, que tinham acesso à educação de nível superior. O correto seria chamar de doutores aqueles com grau de doutorado, título de pós-graduação conquistado com pelo menos mais quatro anos de estudo além do ensino superior.

No entanto, essa distância econômica e cultural mudou tanto nos últimos anos que a galope veio a eminente obsolescência de alguns diplomas universitários. Antes o canudo seria um passaporte para um bom emprego, hoje não passa de um carimbo permitindo a possibilidade de entrada. Como se fosse uma nota de corte que você precisa para pensar em concorrer a determinadas vagas de emprego, tanto no setor privado como no setor público. O diploma de graduação é o começo, não é o fim. Há de se orgulhar quando o obtiver, mas ter a mesma clareza de que não passa de um pedaço de papel. A guerra fora da universidade é bem maior e começa com o seu esforço em se diferenciar. Todos, de certa forma, trabalham e estudam. O que, além disso, você faz? Subir degraus acadêmicos é uma das possibilidades. A pós-graduação passou a ser a nova graduação. Outro caminho é se diferenciar pela excelência. Na medida em que trabalhamos com algo que nos motiva, seremos realmente bons e isso abre espaço à criação e à inovação. Por isso é tão importante responder à pergunta "Quem sou eu?". Somente entendendo sua identidade e quem você é será possível dedicar tanto tempo da sua vida aperfeiçoando alguma habilidade.

JULIANA
SANA

JORNALISTA

SUA SEGUNDA-FEIRA É SE VESTIR DE OUTRA VIDA

Neste livro eu passo vidas para o papel. Em seu ofício, Juliana não só as passa para a televisão, como as vive em sua própria pele. Ela enxerga a vida de cada pessoa tomando para si os seus olhares. "A minha vontade de ser jornalista não era vontade de ser jornalista, era a vontade de contar a história dos outros." Começou muito cedo a trilhar seus passos de forma independente, indo morar nos Estados Unidos com apenas 500 dólares na carteira, trabalhando como garçonete e pegando qualquer outro trabalho temporário só para continuar a aventura. Nessa época, Juliana conta que ficava encantada assistindo ao canal de notícias CNN, vendo a vida dos jornalistas que transmitiam guerras e furos de reportagem. Foi então que as coisas ficaram ainda mais claras sobre o que ela poderia fazer.

Voltou ao Brasil e fez faculdade de Jornalismo, acreditando que ao fim da graduação portas se abririam, mas não foi o que aconteceu.

As oportunidades apareceram através de um curso de fotografia, e Juliana começou a tirar fotos: "Era uma coisa que me preenchia muito. Porque eu conseguia contar a história das pessoas através da imagem, captar o momento delas, e então comecei a também escrever. Dessa forma trabalhei por quatro anos como editora de uma revista sobre surf."

"Depois que eu me formei, comecei a trabalhar com fotojornalismo para jornais e revistas. Eu fotografava e escrevia minhas próprias matérias, até que apareceu uma oportunidade para editar uma revista de surfe em São Paulo. Por três anos fui editora-geral dessa revista, chamada *Alma surfe*. Isso me abriu muitas portas no mundo esportivo internacional."

Ainda assim, Juliana não conseguia sentir por completo a vida da pessoa somente com foto e texto. Foi então que teve a ideia de fazer um curso para aprender a fazer documentários.

"Cansada de São Paulo, me mudei para a Califórnia, onde estudei documentário e finalmente entrei para o mundo do audiovisual. A partir daí comecei a trabalhar como *filmmaker* e videorrepórter, e não larguei mais a câmera. Los Angeles, local do curso, é onde tudo acontece. Alguém que era gari e virou diretor de cinema, a outra pessoa que era limpadora de carro e virou atriz de Hollywood. Essa cidade é o lugar que você pode ser o que você quiser, basta você querer. Então essa atmosfera me contagiou desde essa época, e eu não considerava como trabalho tudo que eu fazia, era uma forma de vida mesmo."

Sua primeira experiência na frente das câmeras foi para a ESPN, cobrindo eventos. Ela conta que entrevistava várias pessoas durante mais ou menos quinze minutos, mas quando desligava a câmera e conversava com o entrevistado, ali se revelava outra pessoa. "Na entrevista eles falam o que desejam. Mostram o que querem. Atrás das câmeras é que vemos que não são tão felizes quanto pareciam ser, e que a vida não é tão bela como a TV mostra. Alguns possuem problemas sérios de família, outros, como um que entrevistei, tinha a mãe muito doente. Você passa a ver que todos possuem um drama por trás daquele mundo perfeito da ficção."

Foi por um trabalho de conclusão de curso que a inspiração para contar histórias à sua maneira veio à tona.

"Eu tinha que criar um documentário com alguma coisa que estava ao meu redor. E eu na época não tinha dinheiro pra morar sozinha, então eu morava com mais três meninas: uma americana e duas brasileiras. As três tinham dramas, e eu comecei a documentar a vida delas. Uma tinha uma filha pequena, era a mãe solteira com inúmeros outros problemas. A segunda menina tinha depressão e o pai estava doente no Brasil. E a terceira menina, que era advogada, estava nos Estados Unidos e queria muito ficar por lá. A sua solução seria pagar um rapaz para se casar com ela, porque ela queria ficar e só se tornando cidadã americana isso seria possível."

Juliana começou a documentar a vida de apenas uma das três, porque entendeu que seria uma história com um universo a ser explorado: a menina que queria se casar de forma ilegal. Este documentário a inspirou para os próximos trabalhos. "Com essa ideia eu criei o meu programa: fazer parte da rotina das pessoas. Só assim quem você está acompanhando esquece que você é um jornalista, que você está com uma câmera ligada, e é nessa hora que você vê a vida da pessoa de verdade, a vida daquele personagem. Isso é algo que não me ensinaram na faculdade. Nunca tive esse formato, de ser um jornalista que entra na casa da pessoa e fica. Eu pensei: isso é diferente, ninguém faz, e eu acho que funciona muito bem, as pessoas gostam. Não tem como um filme ser mais real do que viver a vida dessas pessoas."

O seu programa, intitulado *Na pele,* foi imediatamente aceito pelo canal Multishow e foi ao ar, em sua primeira temporada, com dez histórias de vida distintas. Ela vivia cerca de dez dias com cada uma dessas pessoas e seguia à risca o jeito de elas levarem a vida. Procedeu tal como cada uma delas, sendo boxeadora, funkeira, moradora de rua, paparazzi, *stripper*, diretora de filme pornô, fotógrafa de tubarões, domadora de cavalos, rainha de carnaval e equilibrista de circo.

Da descoberta do que gostava de fazer – ou seja, contar histórias – até o efetivo encaixe em alguma profissão, não foi um caminho fácil. Como muitos, seus pais queriam algo diferente para a filha. "Meu pai é economista, extremamente culto e via valor em viajar o mundo. Ele já morou na África, Itália e em diversos outros lugares. Minha mãe é socióloga e professora. Para ela existiam poucas profissões possíveis para os seus filhos, dentre elas advogado e médico. Eu até cheguei a prestar vestibular para Direito e Odontologia, mas minha viagem a Nova Iorque, aos 18 anos, me salvou de vir a fazer um desses cursos." Insistir foi muito importante, pois dificilmente alguém se destacará no mercado pela excelência na sua atividade sem que haja paixão. Trabalhar com algo que não nos agrada jamais nos fará aperfeiçoar a ponto de termos uma vantagem competitiva. Ninguém faz bem o que faz se o fizer contra a vontade, mesmo que seja bom, disse, no século IV, o filósofo e doutor da Igreja Católica, Santo Agostinho.

CAPÍTULO 9

RELAÇÕES COM O MEDO

Achamos de forma errada que nunca passaremos em um concurso, que nunca conseguiremos correr uma maratona ou mesmo mudar de vida. Afinal, são tantas pessoas tentando e muitos não conseguem, por que você conseguiria? Essa lógica se inverte para alguns quando resolvem viajar de avião. O medo de algo de ruim acontecer faz a probabilidade ser incrivelmente alta – para você –, ainda que seja um caso a cada 64 mil voos. E desses acontecimentos, poucos são os que levam à queda e à consequente morte de todos. Novamente somos iscas das probabilidades quando desejamos ganhar na loteria. Agora achamos que nossas chances são incrivelmente altas a ponto de apostar sempre. Vai que damos essa sorte? No entanto, suas chances são 0,00000002% em um único jogo. Seria o mesmo que dizer que agora sua chance é uma entre 50 milhões de possibilidades. Ou seja, se você confiasse tanto em você como confia na sorte de ganhar na loteria ou na probabilidade do avião cair, você seria apto a conquistar tudo na sua vida. Porque a probabilidade de você atingir uma meta querendo de verdade e se esforçando para valer é incrivelmente mais alta do que essas em que você costuma confiar com mais fervor. E aí vai um segredo: em se tratando de suas conquistas, você tem ainda o controle desta "sorte". Quanto mais você se dedica, maiores são suas chances. Diversos vencedores já proferiram análogos da frase "quanto mais eu treino, mais sorte eu tenho", de modo que se torna difícil saber quem foi o primeiro a dizê-la.

De qualquer forma, é óbvio que não é de sorte que estamos falando. Richard Wiseman é um psicólogo especializado nos estudos que envolvem a sorte e diz em seu best-seller *The luck factor* (O fator sorte) que a diferença das pessoas de sorte para as que não a possuem é se efetivamente elas acreditam que terão ou não sorte. O simples fato de internalizar que se tem sorte foi capaz de produzir diferenças enormes de rendimento nos estudos que realizou. O sortudo é capaz de enxergar mais oportunidades e identificar diferentes formas de se resolver os problemas. São de fato mais criativos e otimistas.

As probabilidades não te dizem nada a respeito do fracasso, e a sorte é algo que você materializa se assim desejar, logo, o que te impede de ser a pessoa que quer ser e viver a vida como deseja viver? A resposta quase sempre é o medo, diria Susan Jeffers, psicóloga americana. Temos receio de estarmos errados, de fracassarmos e de nos expormos ao ridículo. Às vezes esse medo se traduz em não se considerar apto a exercer outro papel, ainda que este seja conectado a sua essência.

O sucesso é constituído de inúmeros fracassos. Quando falhamos, temos diante de nós duas situações possíveis: 1) abraçamos a derrota e pioramos ainda mais nosso estado emocional; 2) damos a volta por cima e nos tornamos ainda mais fortes. No final de uma sequência de fracassos estão as grandes vitórias, a recompensa por todo esforço.

Michael Jordan uma vez disse que não fica pensando nas consequências de errar um arremesso decisivo porque, quando pensamos no que pode acontecer, sempre imaginamos um resultado negativo. Se vou me atirar num lago, ainda que não saiba nadar, penso que serei capaz de nadar, nem que seja apenas o suficiente para sobreviver. Não vou pular e ficar pensando comigo mesmo "acho que posso nadar, mas talvez eu me afogue". Se estou mergulhando em uma situação, imagino que vou ser bem-sucedido. Não fico imaginando o que vai acontecer se eu fracassar.[60]

Esse mesmo jogador foi excluído da sua equipe de basquete do colégio por não o considerarem bom suficiente. Walt Disney foi demitido porque não era considerado criativo o suficiente para trabalhar em um jornal, e os Beatles, porque a gravadora não acreditava em bandas protagonizadas por guitarras.

Winston Churchill disse que o sucesso consiste em ir de fracasso em fracasso sem perder o entusiasmo. Por isso, se o seu objetivo for mudar de emprego ou começar a sua primeira faculdade, o primeiro passo é começar. É provável que haja fracassos no caminho, mas a persistência ditará se você será bem-sucedido. É ter esse novo objetivo como o mais importante da sua vida e se dedicar ao máximo, independentemente dos tombos. Alguns podem afirmar que você não faz ideia do seu objetivo de vida. Eu respondo que agora você acaba de ter um: descobrir o que te faz feliz.

CADU

ARTISTA PLÁSTICO

SUA SEGUNDA-FEIRA É INJETAR SIGNIFICADO À VIDA

Os sinais sobre as inclinações artísticas de Cadu vieram cedo, mas aos poucos. "Ao lado da casa da minha vó paterna havia, ou ainda há, uma paisagem que acredito ter influenciado profundamente as minhas aptidões."

Seguindo sua primeira intuição, aos 14 anos se inscreveu em uma aula de modelo vivo na Escola de Artes Visuais no Parque Lage. Foi uma fase importante de sua vida, porque se lembra de sentir que aquele espaço teria muito a ver com o resto da sua história.

Antes de se fixar como artista plástico, por necessidade ou desejo, ele ocupou diversos cargos. "Trabalhei em restaurantes, no comércio, em carpintaria, em agências de publicidade, na área de ensino, como montador de exposições, como produtor e assistente de artistas. Assumo que cada uma delas, em seu tempo, foi importante para tornar-me o que sou e para me manter na direção de meus desejos. Não houve desvios ou sacrifícios em vão, pois o importante foi exercê-las com o mesmo estado de generosidade para com o mundo que experimento ao estar envolvido com criação."

Essa procura nos prega peças e muitas vezes traz dúvidas sobre a certeza das escolhas que tomamos. "Por um período de tempo, quando ocorrem os naturais desânimos com nossas escolhas, questionei meus caminhos. Já desejei seguir carreiras diferentes, como por exemplo, atuar na área de Biologia, em campos como Ecologia, Agronomia ou Veterinária."

Como já dito, não nascemos necessariamente para uma única atividade. Há uma gama de opções na qual nossos talentos e aptidões se encaixam, e uma vastidão de outras na qual não há a mínima conectividade. Distinguir bem essas duas esferas é a chave.

A carreira de um artista plástico envolve muitas incertezas que vão não só da sua efetiva escolha, como também do sustento. No entanto, Cadu, que também é professor da Escola de Artes Visuais do Parque Lage e da Universidade Federal do Rio de Janeiro (UFRJ), fez questão de deixar claro que esse ponto é facilmente redimensionado entre os apaixonados. "Gosto da ideia de ter que levantar todos os dias e imaginar como colocarei o pão na mesa aquela manhã. Acredito que isso mantém o homem preparado para lidar com imprevisibilidades, relativizar ganhos e administrar perdas com serenidade."

UM SEGUNDO DE CORAGEM

Tudo que você precisa, às vezes, é um segundo de coragem. Assim como foi a minha atitude de sair da faculdade de Estatística após ouvir de meu professor uma história semelhante de alguém que havia abandonado a faculdade para fazer o que ama. Coragem eu não tinha, e o medo estava sobrando. O fato de não ter pensado, mas agido, desencadeou a decisão que mudou minha vida. O segundo de coragem foi levantar da cadeira e nunca mais voltar. Se pensasse muito, poderia estar até hoje naquela faculdade tentando me formar. Isso não é diferente com muitas pessoas. Elas demonstram de forma evidente que não estão mais satisfeitas com o trabalho, mas persistem. Arrastam os dias com sofrimento achando que algum dia isso cessará e se acostumarão. Nos piores casos, passam a acreditar que a felicidade é utópica, algo que inventaram para fazer filme, livros e revistas. Esse medo e a consequente inércia nos faz sobreviver quando, na verdade, teríamos de viver.

O maior engano que podemos cometer é achar que as pessoas bem-sucedidas não têm medo. Todos nós temos. A diferença é que os bem-sucedidos continuam a caminhar mesmo com medo. É um mecanismo que nos torna alertas a tudo que pode apresentar risco à nossa sobrevivência, hábito adquirido e gravado em nós desde o tempo em que morávamos em cavernas e íamos à caça. No entanto, nessa época também aprendemos a sair e ir atrás dos leões. Quando isso acontece e temos fome, algo de grandioso se passa conosco. São nesses instantes que as pessoas tomam decisões e dirigem a própria vida. Elas percebem que são capazes de muito mais do que pensavam. Ao experimentar uma situação-limite negativa que nos leva ao fundo do poço, temos a oportunidade de enxergar a vida por outro ângulo e desencadear mudanças radicais essenciais para o nosso crescimento.

Nas aulas que dei na graduação, certa vez um aluno um pouco mais velho que os demais dirigiu-se a mim depois da aula: "Professor, como mudar de vida e ser feliz se eu tenho que criar três filhos?"

Ele fez essa pergunta tendo certeza de que não poderia haver resposta a esse questionamento, mas tratei de enchê-lo de verdades e encorajamento, em vez da resposta sólida, direta, cartesiana e utópica.

"Querido, primeiro temos que separar dois pontos aqui. Ainda que seu trabalho fosse limpar os trilhos do metrô ou ir a pé do Rio a Salvador, você seria feliz, porque seu trabalho tem um propósito que não cabe nele: dar tudo a seus filhos e esposa. O ofício em si não lhe dá prazer, mas os fins sim. Além disso, o seu trabalho é um estado. Você está insatisfeito com seu trabalho hoje, mas não significa que precisa ser sempre assim. Do que você gosta? Já sabe? Se sim, ajuste as velas para os ventos que sopram. Especialize-se. Estude nos fins de semana. Estude em pé no ônibus que te leva ao trabalho. Desligue a televisão na hora que o seu time joga. Estude enquanto prepara a mamadeira do filho mais novo. Peça a seus amigos para guardar aquela cerveja na geladeira, que um dia você volta a beber com eles todo fim de semana. É preciso pagar o preço com suor e não há outra forma."

O mundo está cheio de pessoas que nada tinham e atingiram feitos incríveis. Em 2014, saiu em vários jornais do país a história do Cícero Batista, rapaz nascido de família pobre, órfão de pai e com mãe alcoólatra. Ele se alimentava de restos de comida que encontrava no lixo e de lá também pegava os livros para estudar. Terminou seus estudos do colégio, passou no vestibular de Medicina e alguns anos depois se tornou médico.[61] Diante disso, que barreira nós temos na vida que não podemos romper?

Nessa corrida em direção à mudança, alguns usam o concurso público como um trampolim. No Brasil, ele é uma oportunidade que nos distancia das incertezas e remunera muito bem. Decerto um investimento de curto prazo com retorno alto. Ainda que a aprovação no concurso não seja motivo para sua felicidade, dele pode provir a redução dos problemas financeiros e, então, a estrada para fazer o que ama estará pavimentada. Contudo, cuidado com o canto da sereia. A vida fácil do concurso pode trazê-lo de volta à vida monótona. Lute incansavelmente contra isso, pois a vida sem propósito e prazer no presente é perdida.

MARINALDO
PEGORARO

AGRICULTOR

SUA SEGUNDA-FEIRA É SEM AGROTÓXICOS

Era começo do ano de 2009 em Curitiba, as filhas Roberta e Rafaela voltavam de viagem, motivo de alegria para seus pais e de ansiedade para atualizá-las dos últimos acontecimentos. Ainda com as malas cheias, seu pai, Marinaldo (executivo de administração e finanças por trinta e cinco anos), as recebe com uma surpresa: "Filhas, nem desfaçam suas malas. Vamos nos mudar para o sul de Minas Gerais. Papai se desfez da sociedade na empresa, vai vender o apartamento, e vamos todos morar em um sítio." O trânsito caótico, o estresse com que se vive na cidade grande e os fatores ligados à insegurança tinham chegado ao seu ápice. Aos 49 anos, Marinaldo e sua esposa, Cilmara, entenderam que a transformação precisava ser mais profunda. Uma simples mudança de atividade profissional não resolveria. E desse ponto começa uma história de incrível coragem e inspiração.

Durante uma viagem que Marinaldo e Cilmara fizeram de carro a Minas Gerais, eles passaram por Delfim Moreira, pequena cidade com somente 8 mil habitantes, no extremo sul do estado. Nela, eles conheceram Newton Litwinski, geólogo e empresário que estava implantando naquela cidade uma cervejaria e uma fazenda com produção de orgânicos, mas que não havia largado a cidade grande ainda. O bate-papo que seguiria por telefone algum tempo depois desse encontro seria o estopim para os dois. A série de coincidências na vida deles, com aspectos incríveis como terem nascido em cidades vizinhas de Santa Catarina, estudado na mesma escola e serem vizinhos de rua na mesma cidade no Paraná – anos depois, sem nunca terem se conhecido – estreitou de forma rápida a amizade. Newton largaria Belo Horizonte e Marinaldo, Curitiba. Ambos, cada um com suas respectivas fazendas, plantariam orgânicos e oliveiras. "Decidimos queimar os navios mesmo. Sem pensar muito, voltamos a Curitiba e colocamos o apartamento à venda. Conversei com os sócios para vender minha parte na empresa, e começamos os preparativos para a mudança em duas semanas. Familiares e amigos, pegos de surpresa, ficaram atônitos com todas essas decisões", relata Marinaldo quatro anos depois.

Marinaldo reitera a importância da velocidade entre tomar a decisão e passar à ação, aproveitando o momento de coragem. "Quando voltamos a Curitiba, após a primeira visita a Delfim Moreira, fizemos tudo e nos mudamos em apenas treze dias, porque eu sabia que, se pensássemos muito, talvez não fizéssemos. O medo entraria em ação, sussurrando dentro de mim: 'E se der errado? E se eu não conseguir dinheiro, como sustentarei minha família?'." Postura tão enraizada nele que sua filha, neste instante, nos interrompeu para acrescentar uma frase que havia escutado: "É melhor uma vida cheia de 'não acredito que fiz isso' do que cheia de 'eu devia ter feito isso'." A coragem se manifestou por um momento e foi o suficiente, lição que sua filha também aprendeu.

Algo que ele diz não ter pensado, mas que foi de extrema importância para adaptação de sua família, foi a presença da tecnologia e o avanço da comunicação: "Se fosse há dez anos, seria realmente uma loucura. Sair da cidade grande e se enfiar num grotão da zona rural do país seria um passo para um isolamento muito grande. No entanto, hoje no sítio temos internet, TV a cabo, telefone, celular e todas as vantagens da tecnologia que torna o lugar onde moramos próximo do restante do mundo, ainda que virtualmente."

Muitos chegam a dizer a ele: "Nossa, que legal sua vida! Que inveja que eu tenho de você. Essa paz, qualidade de vida e a tranquilidade em que vocês vivem..." Todavia, Marinaldo faz um alerta: a sua vida no campo não é mais fácil do que a que tinha na cidade. "É claro que tem pontos positivos, mas há uma série de coisas que não ponderam quando escutam minha história. Na vida rural você faz de tudo. Você cultiva, colhe, embala os produtos, preenche notas fiscais, se preocupa com a regulamentação dos orgânicos e, para fechar o dia, faz planilha para controlar tudo o que fez, faz as contas, olha as dívidas. Começamos nossas atividades às 6h e só paramos depois das 22h. Quando chega o fim do mês, só sobra o suficiente para pagar as contas, e qualquer praga pode acabar com nossa receita, já que optamos pelo cultivo sem agrotóxicos. Vivemos nessa luta constante para gerar maior renda, mas sem que isso nos obrigue e escravize, porque assim perderia o sentido. No presente, realizamos nossas atividades com prazer, e o futuro nós confiamos a Deus. Dessa maneira somos felizes", explica o atual produtor de alimentos orgânicos. Isso foi possível não pela simples mudança de atividade, mas por uma nova maneira de encarar a vida – uma vida mais simples e com o propósito de construir algo, de transformar também o meio social onde se convive.

Essa necessidade do homem de se descobrir, de ter coragem para seguir um novo caminho, mais edificante e espiritualizado, é o ponto-chave para a felicidade, que Marinaldo fez questão de reiterar: "A águia também empurra os filhotes para o vazio; eles não sabem que têm asas, e, quando percebem, começam a voar. Existem momentos angustiantes, e a dificuldade existe em qualquer atividade que se escolha. Mas a sabedoria ensina que a caminhada também é importante, não só a chegada. É nisso que acredito", resume.

Ter coragem é a capacidade de realizar coisas que os outros e nós mesmos não imaginamos que podemos fazer ou que temos a disposição para desenvolver a habilidade de fazer. É quebrar paradigmas, avançar mesmo com a existência das incertezas, e não desistir, mesmo que haja obstáculos desafiadores ou o risco do fracasso no caminho. A gratificação de ter lutado, de ter saído da zona de conforto para construir algo novo, é imensa e paga o esforço.

COMO ENXERGAMOS UM PROBLEMA?

Acontece conosco, humanos, um raciocínio coletivo limitador que aprisiona a maioria dos sonhos. Um paradigma que precisa ser quebrado ou pelo menos testado. Além disso, outros fatores também compõem essa química que nos torna imóveis (medo, insegurança ou baixa autoestima). A crença de que nunca seremos nós aquela pessoa vencedora da revista ou da televisão deve ser eliminada antes de qualquer esforço para mudança.

Somos o Davi diante do problema do tamanho do Golias. Estamos em clara desvantagem. Esse pensamento que nos persegue foi analisado de forma ímpar na nova obra de Malcom Gladwell.[62] Por mais que seja uma fantasia da história bíblica, sua analogia ajuda-nos a quebrar paradigmas importantes em várias esferas de nossa vida. Segundo Malcom, o melhor da história não está na vitória do pequeno rapaz contra o gigante filisteu. Mas em como nós enxergamos essa história. Segundo sua análise, Davi era o favorito da batalha.

Na história bíblica, o exército filisteu está em eminência de guerra com o povo de Israel. Entre os dois grandes grupos, há um vale que impossibilita e torna desvantajosa a aproximação de qualquer uma das partes. A fim de evitar o derramamento de sangue, as guerras antigas poderiam ser decididas através de um combate entre o melhor guerreiro de cada lado. Os filisteus enviaram Golias, um gigante guerreiro prostrado de armadura coberta com camadas de bronze, capacete, escudo, espada e uma lança grande capaz de perfurar qualquer proteção do oponente em um só golpe.

Assustados com a força e com o armamento de Golias, o povo de Israel ficou acuado sem saber quem o desafiaria e os livraria da escravidão. Em cena, deu um passo à frente o jovem Davi. Um pastor vindo de Belém que tinha ido à aldeia apenas com a pretensão de levar alimento a seus irmãos. Surpreso, o rei Saul disse a Davi que não havia a menor possibilidade de vitória. Convencido do contrário, o pequeno oponente de Golias disse que já havia enfrentado oponentes muito mais violentos do que aquele. Sem outra opção, o rei consentiu a investida.

Entusiasmado e convicto, Davi desce correndo o morro. Pegou cinco pedaços de pedra lisa e colocou um deles em seu alforje, guardando o restante consigo. Ao se deparar com seu oponente, Golias se sente afrontado com tamanha disparidade. No entanto, sem muita demora e a uma distância considerável do impávido guerreiro, Davi gira sua arma em uma velocidade incrível e com a mesma destreza lança a pedra acertando a testa do gigante, que em seguida cai desacordado. Pegando os dois lados de surpresa, o jovem pastor corre na direção de Golias, que estava sem reação, rouba sua espada e o decepa. Estupefatos com a derrota de seu mais forte guerreiro, os filisteus fogem dos terrenos que ocupavam na região sul de Elá.

O que está por trás dessa história são as vantagens que Davi possuía e as fraquezas do gigante Golias. Davi era um experiente fundibulário,* dominava muito bem esta forma de combate extremamente eficiente contra a infantaria, que era o estilo de Golias. Além disso, a força que tem um atirador de pedras como o usado por Davi é similar a de uma pistola calibre 45. Do outro lado, um guerreiro gigante, pesado e lento. Golias teria chance em um combate corpo a corpo como o esperado por todos que ali estavam, mas Davi acreditava que Deus estava com ele e que sua distância o favoreceria, e é dessa forma que vencemos na vida. Se os desafios são grandes, mude as regras. Faça diferente. Use as armas ao seu favor sempre.

História parecida e muito mais recente é contada no filme baseado em fatos reais *Homens de honra*, em que Carl Brashear, cozinheiro negro, sonhava ser mergulhador da Marinha, cargo impossível para negros nos anos 1940. Determinado a se tornar aquilo que sempre sonhou, foi por vezes questionado sobre aquela ideia: "Por que você quer tanto isso?". E sua resposta foi: "Porque disseram que eu não

---

* Guerreiro de projétil capaz de lançar pedras com precisão e força.

conseguiria." Mesmo quando sofreu um acidente e perdeu uma de suas pernas, sua determinação permaneceu inabalada. Ele continuaria perseguindo seu sonho até chegar ao posto de Mergulhador de Combate Chefe da Marinha dos Estados Unidos, sendo o primeiro afro-americano a receber tal título.

EDMOUR
SAIANI

CONSULTOR

SUA SEGUNDA-FEIRA É ESTAR COM PESSOAS

Edmour carrega consigo a alma de Davi. Filho de um fabricante de sapatos e de uma dona de casa, a sua vida durante a infância e adolescência não foi fácil financeiramente, mas dentro de si carregava todas as capacidades para vencer os gigantes que viriam pela frente. Herdou essas características de berço. "Os meus pais eu definiria como 'gente'. Meu pai, quando eu voltava da escola, dizia: 'E aí, se deu bem com todo mundo?'. Já minha mãe, gente com prefixo: exigente. Ela já dizia: 'Que nota você tirou?'. Quando eu varria o chão de casa, ao lado vinha ela varrendo também o chão atrás de mim, e completava: 'Você está varrendo mal. Se você varresse bem, eu jamais precisaria corrigi-lo ou chamar sua atenção.'" Sua vida inteira foi regida assim. Com seus pais, Edmour aprendeu que as coisas precisam ser feitas da melhor maneira possível e que é preciso tratar todas as pessoas da melhor maneira possível.

Estudou a vida inteira em escola pública, e seu primeiro grande desafio seria orgulhar seu pai com a aprovação em uma universidade. Seus pais não tinham condição de financiar um curso preparatório, e muitos poderiam desistir neste ponto, mas Edmour foi além. "Fui até o curso e bati na porta deles, dizendo: 'Eu preciso fazer o curso, mas não tenho dinheiro.' Então eles me disseram que tinham um trabalho de datilografar, e que em troca poderiam me dar o curso. Aceitei na hora."

Nessa mesma época de preparação, seu primo começou a estudar para Medicina. "Ele foi quem mais me motivou, porque eu passava por alguns problemas em casa, e era bom ter alguém para encarar o desafio junto comigo. Nossa rotina era chegar do curso à noite e estudar até 4h da manhã, todos os dias."

No fim do ano, depois de uma longa trajetória de estudo, Edmour se inscreveu para o vestibular da Universidade de São Paulo (USP) e para o Instituto de Tecnológico da Aeronáutica (ITA), uma das melhores faculdades de engenharia do país – e talvez a mais difícil de ser aprovado. Seu pai só tinha dinheiro para uma inscrição e sua tia teve que ajudá-lo com a outra.

Os resultados vieram, e Edmour foi aprovado para cursar Engenharia em São Carlos, o que ainda não seria toda a recompensa pelo esforço a que havia se proposto. "Não muito tempo depois ligou para a minha casa uma pessoa do ITA dizendo que eu havia passado como suplente e tinha surgido a vaga. Fui contar aos meus pais em prantos, estava cumprida minha promessa de aprovação! Logo em um lugar como o ITA."

Felicidade incontrolável que daria lugar a uma angústia, porque toda sua vida tinha sido de uma qualidade de estudo muito inferior e os problemas financeiros ainda permaneciam, piorando a situação. "Eu fui o pior aluno do ITA. Tinha que tirar nota sete nas provas, mas eu não era preparado e não tinha a menor vocação. Eu dava aula de português em um cursinho pra poder sustentar meu pai e minha mãe. Aquilo também servia de refúgio da loucura que era a Engenharia. Ela me ensinou muita coisa importante como o raciocínio lógico que hoje sinto usar de forma inconsciente. Não lembro absolutamente nada do que eu aprendi na faculdade, mas tive uma base de convivência com pessoas muito boas e que me fizeram crescer. Saí caipira de Ribeirão Preto e me tornei alguém que entendia melhor o mundo e como ele funcionava. Depois até descobri que eu tinha um bom nível de inteligência, mas os meus amigos de sala eram fenomenais."

Mesmo naquele ambiente complicado, a sua vida começou a acelerar quando novamente enfrentou desafios ainda maiores. No quinto ano de faculdade, Edmour se casou e teve filhos. "Quando viramos pais, nós nos forçamos a trabalhar ainda mais. Nessa época eu fazia faculdade o dia inteiro, dava aula todos os dias à noite e de madrugada ainda estudava."

Depois da faculdade fui trabalhar no Centro Técnico Aeroespacial (CTA), Kodak e Johnson & Johnson. Somente trabalhando para a empresa de refrigerante Pepsi, cargo que veio a ter depois no Rio de Janeiro, que ele finalmente pôde garantir seu sustento com folga. Nessa época, Edmour tinha três filhos e ainda ajudava seus pais. Contudo, ainda faltava algo que só viria em seu próximo emprego.

Na Mesbla, cadeia de lojas de departamento, Edmour passou a ter 15 mil pessoas sob seu comando, e a paixão por "gente", como ele costuma dizer, apareceu. Foram três anos de experiência que o fizeram explorar bastante esse convívio e criar vínculo com seu propósito de vida. Ele era feliz com as pessoas com quem trabalhava e assim deveria ser sempre. Pouco tempo depois, passando por outras experiências e empresas, sua segunda e atual esposa o motivou a largar tudo para empreender.

"Ela disse para mim: 'Eu te ajudo se precisar.' E eu nem sabia quanto ela tinha de dinheiro. Mas suas palavras, apoio e conforto foram suficientes para a alavancada. Eu morria de medo de empreender, mas era a única saída. Sou empreendedor por indignação. Não sirvo mais para trabalhar nesses lugares. Quanto mais você sobe, mais política tem que fazer. Eu precisava construir minha história e ter uma empresa onde isso não acontecesse."

Começou apenas com um computador trabalhando em casa. "A empresa era construção de diferencial, virou varejo e hoje é só atendimento estratégico. Eu tenho 40 pessoas na empresa trabalhando comigo e fazendo um negócio muito louco, que é dizer para as outras empresas que elas têm que tratar bem todo mundo, pra que todo mundo dê o retorno que elas esperam. Eu nasci no dia de São Jorge, e minha vida me deu quatro Jorges que foram essenciais para os meus voos solos: Jorge Gerdau, Jorge Fortes, Jorge Garcia e Jorge Schreurs."

O melhor de sua história ficaria para o final. Não foi sua infância, não foi a aprovação no ITA, tampouco sua empresa. Golias testaria de novo a coragem e a capacidade do pequeno pastor em vencê-lo. Era 2010 quando Edmour foi diagnosticado com câncer. "Um médico me disse que você só se cura de uma doença grave quando você tiver alguém pra quem você queira viver depois. Meus filhos já estavam criados, então minha esposa de certa forma era esse motivo. Ela me apoiou na época que eu queria abrir a empresa e ela é maravilhosa. Sobrevivi e hoje tenho mais a convicção de que o casamento é mais que algo muito bom, mas uma situação em que os dois se doam. Ele só termina quando um dos dois ou os dois param de se doar. E essa ideia eu levo aos meus negócios. Meus funcionários se doam pelos resultados, e eu os retribuo da melhor maneira. Essa doação mútua que faz tudo funcionar."

O MUNDO IRREAL DOS PESSIMISTAS

Do outro lado das pessoas que enfrentam com otimismo os problemas, há outros com estado de espírito que reduzem seu espectro de mundo, considerando tudo de forma minimalista. Uma pessoa fictícia de nome Mike entra em cena agora.

Mike nunca foi bom em nada, desde o maternal. No futebol com os colegas, ele era o reserva. Dentro de sala, o último a ser escolhido para os trabalhos em grupo. Cresceu e agora o que atenua todos os seus problemas é a timidez. Ele se olha no espelho e acha que nunca será nada porque não faz nada bem. Enquanto isso, todos no facebook mostram que são muito mais felizes que ele, mais extravagantes, mais bonitos e mais endinheirados.

O que será que está por trás deste personagem fictício que se repete na vida de algumas pessoas? Na maioria das vezes somente uma postura diferente sobre a vida. Uma visão limitada e pessimista de tudo que o cerca. O refúgio? Culpar tudo. O mundo, as pessoas, a água que sai da banheira e a maçã que cai por conta da gravidade – na primeira situação, Arquimedes desenvolveu a teoria elementar da física, e no segundo, Newton desenvolveu a teoria da gravidade. Com a pedra, o distraído tropeçou, e o artista fez belas esculturas. Tudo é como você enxerga e reage aos acontecimentos.

Mike pode achar que é o único a pensar assim, e aí está o grande pulo do gato: de forma mais branda, todos nós raciocinamos desta forma quando algo nos parece difícil de realizar. Vem logo à mente: "Será que sou bom o bastante?". E adivinhe? Se não tivermos a ciência de que é errado refletirmos assim, nos sabotaremos inventando desculpas.

Recentemente tornou-se famoso um texto publicado na internet feito por um escritor e jornalista brasileiro sobre o Messi ter a síndrome de Asperger, uma versão mais branda do autismo. O jornalista conta que o jogador foi privilegiado pela síndrome e, para justificar seu diagnóstico, evidencia alguns sinais que o jogador tem mostrado como: o modo de chutar ao gol, o uso de dribles parecidos o tempo todo e até sua timidez quando está em contato com a imprensa. Como o autista repete determinado movimento de forma exaustiva, isso o teria levado a ser muito bom ao executar cada movimento em campo. Doença e história totalmente desmentida pelo médico que tratou dos problemas hormonais do jogador, Diego Schwarzstein. Para mim, uma excelente história para os que buscam motivos para esconder suas fraquezas em vez de mudar a maneira como reagem às adversidades.

Outro mito é a genialidade precoce de Mozart. Ele era filho de músicos e tocava piano desde os 3 anos de idade. Seu pai, por ser professor de música, logo cedo o motivara e o levara a tocar por várias horas do dia, uma disposição natural e prazerosa em Mozart, mas que vinha de um acompanhamento próximo da família. As primeiras peças que ele compôs não eram tão espetaculares, e muitos críticos diziam serem cópias do que já havia na época. Sua genialidade efetivamente comprovada só emergiu muito depois, já aos 21 anos de idade, quando escreveu um concerto inegavelmente inédito.

O problema que há nesses contos é que eles distanciam as pessoas da realidade. Achamos que alguém foi muito bom por uma doença como o autismo ou porque nasceu notoriamente um gênio. Qualquer um poderia pensar: "Está explicado porque Messi foi quatro vezes o melhor jogador do mundo, ele tinha a síndrome de Asperger." Ou ainda: "Mozart só foi quem foi porque nasceu gênio." Só que esse é um terrível engano e aprisiona a mente preparada a se deixar levar por esses bloqueios.

De qualquer forma, nosso personagem pessimista sempre tem duas possibilidades de escolha: retrair-se ou adotar uma postura que alie otimismo ao esforço para virar o barco. Parar de achar desculpas e focar no que pode lhe dar resultado. Independentemente de quais sejam suas escolhas, as reflexões deste livro poderão ajudar. Entenda o que está no cerne de toda essa questão. Para tudo há uma solução e com certeza não é ficar no sofá assistindo televisão.

CAPÍTULO 10

A ÚNICA REGRA

Certa vez um jovem sedento por dinheiro pediu a um guru milionário que lhe ensinasse como ter sucesso.[63]

Jovem: Eu quero ser como você.

Guru: Se você deseja ser como eu, encontre-me na praia amanhã às 4h da manhã.

Jovem: Na praia? Eu quero fazer dinheiro, eu não quero nadar.

Guru: Se você realmente deseja o sucesso, encontre-me amanhã.

Então o rapaz chega às 4h horas da manhã, pronto para começar. Vestindo um terno, enquanto o guru o recebia de bermuda. Interessado em sentir a motivação do jovem, o milionário lhe pergunta: o quanto você quer ser bem-sucedido?

Jovem: Eu quero muito!

Guru: Então entre na água.

O jovem caminha e entra no mar, encharcando o seu terno. Com a água já em sua cintura, ele pensa: "Esse cara é louco! Eu quero fazer dinheiro e ele me traz aqui para nadar. Meu desejo não é ser salva-vidas."

Puxando-o ainda mais até o nível da água alcançar o pescoço, o jovem, atônito, tenta achar algum significado para aquela loucura e exclama: "Eu vou sair daqui, esse cara está fora de si!". Fugindo daquela situação, o milionário afirma: "Eu pensei que você queria ser bem-sucedido." E o jovem responde: "Eu quero!" O guru milionário: "Então caminhe um pouco mais."

O guru pega o jovem pela cabeça e o afunda. Pressionado embaixo da água, o rapaz se debate, na tentativa desesperada de respirar. Pouco antes que ele desmaiasse, o experiente milionário o retira.

Responda-me agora: "Quando você estava debaixo da água, o que mais você queria?" Ofegante ele responde: "Respirar."

Então ele lhe ensina algo que todos que desejam o sucesso precisam saber: quando você quiser o sucesso tanto quanto quiser respirar, então você será bem-sucedido.

Debaixo da água nada é mais importante do que respirar. Você não se importa com a Copa do Mundo, você não se importa com seu celular, você não se importa em ir à balada, você não se importa com nada além de conseguir um pouco de ar. O sucesso precisa ser visto da mesma forma. Quando nada valer mais que o seu sucesso, você abrirá mão de todas as coisas que o distanciam disso. Tudo que ocupa seu tempo de forma desnecessária será posto de lado, porque essas distrações atrapalham a conquista de seu objetivo. Contudo, não se esqueça de ser feliz neste trajeto.

ALAN
ALBUQUERQUE

SERVIDOR PÚBLICO

SUA SEGUNDA-FEIRA JÁ FOI DE MUITO SUOR

Assim como um acidente, uma doença grave ou um negócio que foi à falência podem funcionar como um detonador da normalidade e nos levar a alcançar o inimaginável.[64] O fracasso no vestibular foi para Alan como estar debaixo da água a ponto de quase desmaiar. A sua aprovação então passou a ser tão importante quanto respirar.

Muitos podem achar que não obter êxito na prova é normal – e definitivamente é –, mas no caso de Alan, todos os amigos dele tinham sido aprovados. Além disso, havia a decepção de ter que contar aos pais sobre seu ínfimo desempenho nas provas. A comparação social com os amigos e o desconforto diante dos pais haviam feito seu papel. "Sem dúvidas, meu comportamento, minhas atitudes, meus objetivos, minha cabeça: eu mudei aos 17 anos diante da palavra 'desclassificado'." Esta palavra, que se repetiu por três ou quatro instituições, foi com a qual mais se deparou ao conferir os resultados dos vestibulares para as universidades públicas do Rio de Janeiro em 2005.

Ele tinha sido reprovado em tudo, e essa situação-limite o levou a repensar a maneira como conduzia sua vida. Ajustando as velas do seu barco para o que realmente importava naquele tempo, e decidido de que não passaria mais por aquilo, Alan mudaria drasticamente. "Ter visto todos os meus amigos entrando numa faculdade, seguindo com suas vidas, enquanto eu forçava meus pais a gastar o dinheiro deles para remediar a minha completa falta de interesse nos estudos foi o estopim para que mudasse minha forma de agir. Nunca mais eu sentiria aquela sensação de incapacidade. Jamais permitiria que meus pais gastassem dinheiro comigo, senão o estritamente necessário. Eu seria bem-sucedido e independente o mais cedo possível."

O resultado, dali em diante, foi outro. No ano seguinte ele havia sido aprovado em todas as universidades públicas e optou pela Uerj. Imediatamente, seu objetivo passou a ser não somente a formação, mas estudar para o concurso do seu sonho: auditor-fiscal da Receita Federal. Um dos concursos mais concorridos do Brasil, e que exige um conhecimento considerável de 19 matérias. Ele descreveu com sabedoria a rotina estressante e cansativa na idade em que os jovens só pensam em balada: "Dos 19 aos 22 anos, quando todos iam a festas e viagens, eu estava estudando. Minha vida social se resumia à pizza de sábado em casa e a alguns filmes no cinema. Chegou ao ponto em que meus amigos e minha família nem tentavam mais me tirar de casa, pois já sabiam que a resposta seria a mesma: 'Não posso, tenho que estudar.'" Comentários do tipo "sai dessa biblioteca, você tem 19 anos, aproveita a vida" e "esse concurso é impossível, é muita concorrência, é tudo montado" eram rotineiros. As influências negativas o testavam a todo instante. Por diversas vezes, Alan quis largar tudo, estudar menos, para começar a sair, voltar a viver; mas aquela sensação de derrota era simplesmente inaceitável para ele.

O desejo pelo sucesso era como respirar, e o final da história não poderia ser outro. Aos 23 anos de idade, Alan tinha se tornado auditor-fiscal da Receita Federal, recebendo um dos maiores salários possíveis via concurso público. Muito mais do que qualquer amigo talvez venha a ganhar em toda a vida. "Nada seria capaz de me afastar daquele cargo, todo o meu esforço estava voltado para aquela prova. Não importava quantos dissessem que não seria possível, quão inteligentes eram meus concorrentes, as festas perdidas, as viagens não desfrutadas, eu seria auditor-fiscal da Receita. Defendo e acredito que todos são capazes de alcançar aquilo que almejam, dependendo unicamente do quanto a pessoa está disposta a se esforçar e abrir mão. Seja aos 17, como eu, ou aos 60, como muitos colegas de concurso, encontre algo que lhe dê força suficiente para não parar. Comece aos poucos, tenha paciência, não tenha medo da concorrência, não se compare aos outros e, principalmente, nunca duvide de sua capacidade." Só fica um conselho: opte por concurso se de fato gostar daquilo que você exercerá.

VOCÊ PRECISA DE 10 MIL HORAS PARA SER EXCEPCIONAL

O pesadelo de todo fracassado é descobrir que o único culpado da própria mediocridade é ele mesmo. No entanto, a ciência está descobrindo que todo mundo, incluindo você, tem capacidade de obter o êxito que desejar. Virar o jogo. Ser o exemplo para a atual geração e as próximas. O sucesso não está no DNA nem escrito nas estrelas. Ele tem um preço, e só uma moeda pode pagá-lo: seu próprio suor.

Costumamos olhar pessoas bem-sucedidas e nos prender à ilusão de que não fomos escolhidos para o sucesso, que eles nasceram com um talento especial e que isso explica todo o seu resultado. Mas não é verdade. O que separa o aprendiz do mestre são 10 mil horas de esforço.[65]

Por trás dos estudos na área de *experts* está o psicólogo K. Anders Ericsson, da Florida State University. Ele explica que, para ser mestre em algo, é preciso dedicação de atleta. Somente dessa forma nossos corpos e mentes desenvolvem processos cognitivos eficientes. Esta adaptação só é possível graças à neuroplasticidade, a capacidade de rearranjar estruturas nervosas e mentais em resposta a estímulos e necessidades. É um fenômeno diretamente relacionado à aprendizagem. Se você dirige, lembre-se da primeira vez que pegou o carro e compare com a facilidade que tem hoje. Isso é o que a neuroplasticidade fez com seu cérebro, que tem a ver com as questões relacionadas aos hábitos.

Para completar as 10 mil horas, precisaríamos praticar a mesma atividade por três anos e meio, oito horas por dia, sete dias por semana. Entenda por horas de prática algo totalmente livre de distração – atender o celular, entrar no facebook ou assistir TV não contam. Por isso, aquele que joga futebol somente aos finais de semanas com colegas nunca será um jogador profissional. É preciso praticar de forma integral. Ronaldo, o Fenômeno, precisava ser expulso dos gramados quando criança, porque não queria fazer nada que não fosse jogar bola. Oscar Schmidt, aos 13 anos de idade, chegava uma hora antes do treino e só saía muito depois que seus colegas já tinham ido embora. Ficava arremessando bolas à cesta incansavelmente.

Essa regra vale para qualquer ramo que dependa da prática para o aperfeiçoamento. Lennon e McCartney tocaram durante três anos na cidade de Hamburgo, em casas noturnas, antes de se tornarem famosos. Eles tocavam quase todos os dias da semana, por volta de oito horas por dia. Isso é praticamente as 10 mil horas de exercício de que estamos falando. Nem Bill Gates foge ao padrão de empenho. Quando jovem, programava por horas a fio dentro da Universidade da Califórnia.

O que leva as pessoas a se esforçarem por 10 mil horas? Nas pessoas que conseguem perseverar por tanto tempo no desenvolvimento de uma habilidade, pelo menos uma característica salta aos olhos: a paixão. Só quem a possui sabe dizer não ao sono ou à cerveja com amigos em uma noite de sexta-feira. Quando você ama o que faz, surge o autocontrole. É aquilo que nos diz que vale mais a pena continuar no que se está fazendo a ir para outros caminhos. Focamos no que nos interessa mais. Ou você consegue imaginar alguém disposto a sofrer por 10 mil horas? Muito martírio para pouca vontade, decerto.

Essa perseverança vem de um autocontrole, próprio dos apaixonados pelo que executam. Um dos mais famosos experimentos sobre autocontrole aconteceu no final da década de 1960, liderado pelo psicólogo Walter Mischel[66] na Universidade de Stanford. O experimento visava testar a capacidade das crianças de resistir a um marshmallow com o intuito de ganharem outro, caso esperassem o orientador retornar à sala. Naturalmente, algumas crianças mais impacientes foram direto ao doce, mas outras resistiram e foram premiadas com outro marshmallow.

Mais de uma década depois do experimento, as mesmas crianças, agora já adolescentes, foram investigadas, e a conclusão foi surpreendente. Aquelas que resistiram ao marshmallow eram, em média, significativamente mais competentes.[67] Em outra análise constatou-se, inclusive, que este mesmo grupo tivera um desempenho superior no vestibular.

Esse estudo vai além da resistência a um doce. Ele desvenda um segredo sobre nós: nossa insistência em obter benefícios imediatos e nossa fraqueza em pensar no longo prazo. Não se conquista o corpo dos sonhos fazendo uma boa alimentação e indo uma vez por semana à academia. Não se passa para concurso público estudando algumas horinhas para a primeira prova. As grandes conquistas levam tempo para crescer, amadurecer e então darem seus frutos. Quando a meta está bem distante, somente os maratonistas têm sucesso. Karen Jonz andou por mais de 10 mil horas de skate; Alexandre Pulga treinou jiu-jitsu por mais de 10 mil horas. Marcos Sifu surfou por mais de 10 mil horas. E você? Qual sua relação com seu aperfeiçoamento?

Você que lê este livro pode achar insuficientes apenas o autocontrole e a motivação. E você está certo. O que vem acima de todos esses aspectos humanos é algo que temos falado por quase todas as páginas desta obra: o amor. Ter nossa essência conectada àquilo que somos. Para qualquer atividade precisamos dele, senão tudo ficará um tédio e os sintomas disso são claros: sono, indisposição, desmotivação. Isso acontece porque, com atividades menos interessantes e nas quais temos pouca prática, nossos neurônios passam por enorme estresse e começamos a produzir adenosina, substância que reduz nossa atividade cerebral, para que não entremos em colapso.[68] Pense nas palestras a que você foi e que o assunto não lhe interessava. O curso de inglês. Ou aquela aula de matemática. Estudar para concurso sem um propósito muito forte o levará inevitavelmente a se desmotivar.

David Blaine, famoso mágico norte-americano, desafiou a vida várias vezes apenas para mostrar a infinita capacidade humana de ir além quando se deseja atingir uma meta.[69] O propósito que via em desafiar seus limites o enchia de energia. Ele foi enterrado vivo em Nova Iorque por uma semana, depois ficou dentro de um cubo de gelo por três dias e, por fim, em outro desafio, ficou de pé em um pilar de 30 metros de altura por trinta e seis horas. Não obstante, desafiou o recorde mundial de apneia, ficando mais de dezessete minutos submerso em um tanque de água, ao vivo em um programa de televisão. Qualquer pessoa mais cética diria ser tudo mágica, mas David deixa claro que não havia truque algum. "Como mágico, eu tenho mostrado coisas que parecem impossíveis. E eu penso que mágica, seja prendendo a respiração ou embaralhando cartas, é muito simples. Tudo veio da minha atitude de persistir na prática, no treinamento e na experimentação. Esforço-me sempre para ser o melhor que posso ser. Essa é a mágica!"

HÁBITO, RAIZ E SOLUÇÃO DOS SEUS PROBLEMAS

Os hábitos surgem porque o cérebro está o tempo todo procurando maneiras de poupar esforços.[70] Basta imaginarmos o nosso ato de escovar os dentes, tirar o carro da garagem ou mesmo ligar o computador e abrirmos o facebook sem mesmo termos processado em nossa cabeça esses comandos.

É um artifício humano para evitar o desgaste de energia, mas também um potencial vilão para quase tudo em nossa vida. Saber lidar com nossos hábitos é a raiz para mudar quaisquer maus costumes do dia a dia - a boa notícia é que, por mais complexo que seja o hábito, ele é maleável.

O famoso livro de Charles Duhigg, *O poder do hábito*, é uma panaceia para todos aqueles que desejam entender e encontrar uma maneira de curar suas manias, seus vícios e suas rotinas que não somam benefícios.

O modelo proposto pelo escritor baseia-se em um ciclo com três etapas: "deixa", "rotina" e "recompensa". Antes de irmos aos três passos, é preciso "identificar a rotina". É exatamente isso que tentaremos mudar. Sua rotina é, portanto, a do autor do livro: o hábito de comer cookies o estava fazendo engordar. Agora, o que te faz seguir essa rotina? Ele começou a investigar e viu que, sempre por volta das 15h, aparecia sua vontade. Então ele notou que esse era o disparador da sua rotina que aqui chamaremos de "deixa". Isso também poderia ser um local, um estado emocional ou mesmo outras pessoas.

A segunda parte é a rotina propriamente dita. Ele já sabia que o horário o fazia se levantar da cadeira, se dirigir à cafeteria, comprar o cookie e, então, conversar com seus amigos. A terceira e última parte é a recompensa. Tudo o que fazemos nos leva a ansiar por recompensa imediata; do contrário, o hábito não se cria e nem nos interessamos por tal atividade. Para entender qual era a recompensa que estava envolvida, ele fez diversos testes. Substituiu o cookie por chocolate. Outro dia, no mesmo horário, saiu para caminhar, e em outro resolveu passar na cafeteria só para conversar. O que ele descobriu foi que sua recompensa não era o biscoito, mas a socialização. Ele tinha vontade de se levantar da mesa de trabalho para conversar com amigos e logo já estava deixando os calóricos cookies de lado. Somos movidos a recompensa em tudo e só criamos hábitos em cima do que há retorno imediato. Essa disposição humana de enxergar os benefícios no curto prazo é o que dificulta a regular a atividade física e abre espaço para as maneiras artificiais de acelerar este processo, utilizando anabolizantes e cirurgias plásticas.

Agostinho Fernandes ficou famoso nas redes sociais com sua saga em busca da perda de peso. Aos 25 anos pesava 140 quilos e estava decidido a dar um basta naquilo. "Em julho de 2012, durante uma festa em que reuniu amigos e parentes, eles perceberam que eu estava incomodado com o peso. Conversaram comigo para saber como eu estava me sentindo, e o que eles poderiam fazer para me ajudar. Depois de muito choro e abraços, procurei o dr. Marcelo Tenório – clínico e cardiologista." Sua intenção era o alívio imediato daquela pressão por ser obeso. Procurou o médico com o intuito de fazer uma cirurgia de redução de estômago, mas pela experiência e competência do médico foi levado ao caminho natural do emagrecimento. Afinal, soava absurdo um jovem querer emagrecer dessa forma. O sedentarismo e a preguiça precisavam ser curados.

Revoltado com a atitude que tinha perante si próprio, Agostinho saiu do consultório e conversou com seus amigos de infância Bernardo Pontes e Leandro Maia sobre sua decisão de emagrecer a qualquer custo. O compromisso tornou-se público quando seus amigos levaram a sua ideia às redes sociais. Agostinho iria "secar".* A hashtag "secatinho" estava criada. "Eu estava com 136 quilos quando comecei de verdade meu projeto. E o primeiro grande apoio veio quando tirei foto com o Fred, da seleção brasileira, segurando uma placa com a inscrição da minha hashtag 'secatinho'. Logo depois, David Luiz e amigos de todos os lugares do mundo me mandavam fotos também. Isso fez com que minha responsabilidade aumentasse, e os *check-ins* na academia eram diários, para que todos pudessem acompanhar o projeto."

Esse compromisso assumido com seus amigos e com o que havia sido criado na rede social foi a recompensa imediata que ele precisava para alimentar esse novo hábito. Não muito tempo depois, Agostinho havia perdido 42 quilos e ganhado uma nova vida.

O que definiu essa mudança de vida de Agostinho foi como o processo mental dele foi reprogramado. No entanto, é preciso alertar que nem todas as pessoas precisam passar por esses meios. Cada um tem sua forma de se motivar e de enxergar os objetivos. Faça diversos testes. O que me motiva? Encontra com amigos? A dose de endorfina dos exercícios? Anotar em um mural todas as vezes que venci minha preguiça? *(Meu caso.)* Olhar-me no espelho após os exercícios? Tirar foto no espelho da academia e postar no facebook ou no instagram? Pode parecer absurdo para alguns, mas cada pessoa pode ser motivada de forma diferente – muitas vezes ela nem sabe de onde vem o seu entusiasmo. Entendendo isso, o Centro de Economia Comportamental da Nus Business School em Singapura criou o HabitNUS, uma rede social na qual as pessoas tornam públicos os seus objetivos, como perder peso, acabar o projeto final da faculdade ou mesmo parar de fumar. Um ambiente virtual que promove os bons hábitos e usa seus amigos para incentivar, acompanhar e cobrar os resultados.

Contanto que sua recompensa não o faça ter hábitos ainda piores, sempre será válido investir nelas. Krystina Finlay e seus colegas da Universidade do Estado do Novo México[71] resolveram en-

* Termo usado quando se pretende perder gordura.

tender como as pessoas se exercitam de forma habitual. Para achar essa resposta eles estudaram 266 participantes que se exercitavam pelo menos três vezes por semana. Diversos motivos os levaram a começar suas atividades físicas, mas o que chamou a atenção nessa pesquisa foi por que eles continuaram. Tornou-se hábito quando eles passaram a ansiar por recompensas. Em um grupo, 92% passaram a ansiar por endorfina e outras substâncias provenientes da atividade física, porque diziam que a atividade lhes fazia bem. Já em outro grupo, 67% das pessoas disseram que a sensação de realização era o que os motivava. Nesse caso, trata-se da satisfação de ter feito suas atividades e vencido a preguiça.

A importância de nos atentarmos ao que nos leva a manter antigos hábitos é o primeiro e imprescindível passo a se dar em busca da mudança. Shawn Achor conta em seu livro[72] que gostaria de aprender a tocar violão, mas nunca conseguia manter uma rotina que o levasse a tocar todos os dias. O fato de o violão ficar dentro do armário, escondido e fora de seu alcance poderia ser um fator primordial de sua procrastinação – e era. Esses 20 segundos que o afastavam do instrumento musical eram um gigante entrave. A fim de superar essa barreira da força de vontade e do autocontrole que o impediam de manter uma prática constante por mais de quatro dias, Achor decidiu fazer um teste reduzindo a energia de ativação do exercício. Ou seja, o quanto ele precisaria se esforçar para efetivamente começar a realizar a atividade. Então, sua ideia foi tirar o violão do armário e deixá-lo no centro de sua sala de estar. Um local de fácil acesso e pelo qual ele passaria o tempo todo. Com esse simples gesto, Shawn conseguiu preencher sua tabela de prática com 21 dias ininterruptos! Apliquei a mesma técnica para escrever este livro. Não deixava ninguém desarrumar minha mesa onde havia tudo necessário e preparado para sentar e redigir. Assim, toda vez que eu chegava em casa bastava me sentar à mesa e começar. Essa redução de esforço foi chave para não me distanciar do hábito de escrever. Se a mesa que você estuda é a mesma em que usa o notebook para acessar as redes sociais, talvez isso tenha colaborado para distanciá-lo do hábito que pretende alimentar. Não crie nenhum obstáculo para começar a estudar. Deixe os livros abertos e tudo necessariamente arrumado. O que fizemos foi colocar o comportamento desejado no caminho de menor resistência, de forma que exija menos energia e esforço para pegar o violão ou começar a escrever o livro, sendo esse dispêndio ainda menor que o simples fato de não executá-lo. Afinal, se eu quisesse fazer qualquer outra coisa na mesa eu precisaria prepará-la para a nova atividade.

Os hábitos estão por toda parte, e os executamos de forma automática. Por isso, não os enxergamos, ainda que sejam potencialmente prejudiciais. São invisíveis até que tornamo-nos críticos o suficiente para notá-los.

Entendemos que os hábitos existem para nos ajudar ou atrapalhar. Da mesma maneira são nossos relacionamentos. Tanto se estivermos falando sobre a felicidade quanto sobre o sucesso da nossa carreira.

CAPÍTULO 11

RELACIONAMENTOS

Os relacionamentos podem ser vistos de dois pontos de vista distintos. Trataremos a importância deles para nossas conquistas profissionais, o que muitos chamam de *networking*, e também da acuidade desses relacionamentos com a nossa felicidade, que são nossas amizades. Ainda que tudo seja relacionamento, há diferença profunda entre esses subgrupos.

NETWORKING

Networking é uma palavra de língua inglesa que, no português, tornou-se sinônimo de "criar uma rede de contatos profissionais". Suponha que você tenha uma fábrica de peças de automóvel. Uma feira de automóveis é um excelente local para se criar contatos ou *networking*. Acadêmicos como eu costumam utilizar os congressos que têm por todo o Brasil não só para apresentar trabalhos, mas também para conhecer pesquisadores de outros lugares. Seja qual for a carreira que você escolher, os relacionamentos interpessoais serão imprescindíveis. Não há exceção. Todos precisam ser bem-relacionados. Até os mais talentosos.

RAFAEL
CUIA

PRODUTOR DE EVENTOS

SUA SEGUNDA-FEIRA É UMA FESTA

Se para algumas carreiras o *networking* é importante, para o produtor de eventos é fundamental. O divisor de águas. Saiba se relacionar e criar uma firme rede de contatos ou pule fora, lição essa que Rafael aprendeu cedo fundando a 5inco (leia-se Cinco) Entretenimentos. "Eu e meus sócios sempre fomos bem-relacionados. Todos nós trabalhávamos como *promoters*.* Conhecemos muita gente e, por isso, começamos a lotar as primeiras festas. Tínhamos esse lado político de falar com todas as pessoas, sempre achamos importante criar esses laços. Em pouco tempo a nossa rede já se estendia por todo o Brasil." Escolher os sócios certos também foi crucial para que a produtora decolasse. "Eu acho que, se não fossem eles, a empresa não teria crescido. Cada um com a sua qualidade. Foram imprescindíveis para chegar aonde chegamos." Um de seus sócios, o DJ Tartaruga, foi das boates e grandes eventos à televisão. Hoje comanda a música no programa *Esquenta*, da Rede Globo.

Seja a relação interna ou externa à empresa, Rafael conta que é preciso ser sincero de todas as formas, seja com amigos ou nos negócios. Independentemente dos fins, os meios precisam ser honestos e condizentes com seu caráter. Isso faz a sua rede funcionar ainda melhor, porque são criadas pontes sólidas e duradouras.

Na carreira de produtor de eventos também é importante a criatividade – o que nos remete aos pontos do Capítulo 1 sobre o pensamento divergente. Nesse aspecto Rafael sempre pensou fora da caixa. O Brasil passava por uma moda fortíssima de música sertaneja, que no Rio de Janeiro ainda era visto como um estilo brega e pouco atraente. Ele conta que o Rio de Janeiro está de frente para o mar, mas de costas para o Brasil e, por isso, não enxergava esse sucesso. A 5inco então foi a primeira produtora a fazer uma festa semanal de "sertanejo universitário". Eles apostaram na ideia de

* Trabalho em que o indivíduo fica responsável por chamar as pessoas para as festas.

que o Rio de Janeiro é uma cidade multicultural, com pessoas de todas as partes do Brasil, e que seria questão de tempo até cair no gosto dos cariocas. Não estavam errados. Começou em 2009 e até hoje, em 2014, é sinônimo de casa cheia. Na mesma linha divergente, eles inovariam mais uma vez. No berço do Carnaval e coração do Rio, nasceu o bloco Chora me liga, título de um dos primeiros sucessos do sertanejo universitário. Ideia que muitos diriam que não faz sentido, que é loucura, um fiasco. No entanto, mais uma vez Rafael e seus sócios estavam certos. Lotaram as ruas.

Repetindo a ousadia poucos carnavais adiante, surgiu o Carrossel de Emoções, bloco de carnaval com funk. Mais uma vez desafiando o desconhecido e se expondo ao fracasso, veio o êxito. Sua empresa hoje produz boa parte das principais festas na Cidade Maravilhosa.

Persistência também foi fator-chave na sua vida, força essa que só existiu por saber que sua vontade era viver trabalhando com eventos. "Na escola eu organizava churrascos, na faculdade, as chopadas, e depois disso vieram os eventos maiores. Fui trabalhar em uma empresa onde minha atividade era cuidar da parte de eventos. Eu fazia eventos pelo trabalho e por fora. Quando os eventos independentes passaram a dar retorno superior aos que fazia em meu trabalho, decidi largar o emprego de carteira assinada para mergulhar de vez nessa minha paixão." Ainda que não haja as seguranças do emprego que ele tinha conquistado, a vida de produtor de eventos independente o atraiu muito. Não fazia mais sentido ficar batendo ponto em algo constante, ainda que fosse com eventos. A atração estava em criar livremente suas festas, e é isso que Rafael Cuia faz até hoje.

AMIGOS

São tão poderosos e presentes os relacionamentos em nossa vida, que eles também possuem a capacidade de influenciar nossos hábitos. Quando um amigo se torna obeso, por exemplo, isso aumenta em 57% a sua probabilidade de engordar no mesmo período.[73] O que ajuda a explicar esse fenômeno é que você tem maiores chances de ser convidado a fazer um lanche com hambúrgueres hipercalóricos, refrigerantes e um bolo de chocolate do que ser chamado para correr na praia. Não só a questão alimentar, todo o nosso comportamento é influenciado. Nosso ciclo de amizades ajuda a modelar nossa visão de mundo, porque, se formos resistentes e extremamente opositores, provavelmente aquele não será o nosso grupo e tão logo nos encaixaremos em outro. Contudo, quando algo que está dentro de nós se encaixa com as amizades que vamos criando durante a vida, temos em mãos duas forças positivas e na mesma direção para nos aprimorarmos.

PEDRO LUÍS

MÚSICO

SUA SEGUNDA-FEIRA É FAZER UM SOM COM OS AMIGOS

Pedro Luís foi cercado de influências positivas desde o berço. Nasceu em uma família repleta de pessoas apaixonadas por música. Suas irmãs, por exemplo, começaram a tocar violão muito cedo, e Pedro, aos 6 anos de idade, já observava, encantado. O instrumento que fora apelidado de "Lobuarque", em homenagem a Edu Lobo e Chico Buarque, foi sua primeira escola. "Eu nunca tive conhecimento teórico e nem técnico de violão, fui aprendendo vendo minhas irmãs tocarem e olhando revistas. Todo ambiente pelo qual passei, desde a escola, foi sempre musical." Como no caso da atriz Larissa Maciel, a escola foi um aliado de Pedro Luís, intensificando suas horas de prática através das aulas de música e coral dos alunos. "Havia festivais, e eu nunca vencia. No último ano do colégio, eu acho que eles resolveram me consolar deixando ganhar todos os prêmios e, dessa maneira, me despedi do ensino médio."

Em paralelo às atividades musicais, Pedro começou a cursar Letras na UFRJ. Opção que não deu muito certo e que acabou largando pouco mais de dois anos depois, dados seus compromissos com a música. Nesse tempo participou também de um coral regido por Marcos Leite, chamado Cobra Coral. Lá ele criou diversas amizades que caminham até hoje, como o seu preparador vocal e de boa parte da MPB, Felipe Abreu. "Marcos fez um negócio muito interessante no coral. Ele montou uma estrutura de escola para o Ricardo Marinho, que era o presidente do curso de inglês. A ideia de contratar vários professores para formar aqueles 60 coralistas foi genial. Tínhamos professores de teoria musical, de canto, de harmonia e de história. Enfim, aprendi muito e de lá saí com as boas indicações que o Marcos me fez." O seu primeiro destino foi participar de uma banda que acompanhou o grupo Asdrúbal Trouxe o Trombone, que dentre seus integrantes contava com Evandro Mesquita, Regina Casé, Luiz Fernando Guimarães e Perfeito Fortuna. Dessa experiência sairia uma peça que levaria Pedro Luís a se apresentar junto com o Asdrúbal de quinta a domingo por bastante tempo no Sesc Pompeia em São Paulo. "Nós nos mudamos para aquela cidade por causa do volume de shows. Éramos vários jovens de 20 a 23 anos morando na mesma casa com três andares. Na garagem dela montamos uma estrutura de ensaio e lá vivemos uma efervescência de aprendizagem e criação o dia inteiro."

Muito tempo depois, em 1991, já de volta ao Rio de Janeiro, começou a dar aulas de música até receber convites para dirigir dois trabalhos: do grupo Boato, formado nos pilotis da PUC, e da cantora Arícia Mess. "Eu comecei a dirigir esses dois trabalhos, pensar o repertório, arranjos e a coordenar os músicos. Mas acabei não resistindo e me chamaram para o palco de volta. Para tocar e cantar, além de ser diretor musical. E nesses dois trabalhos começou a se formar o repertório inaugural e os integrantes do que viria a ser o Pedro Luís e a Parede."

Alguns anos depois Pedro Luís e Fernanda Abreu compuseram duas músicas juntos para o disco dela chamado *Da lata*. Desse ponto em diante o seu nome começou a transitar pelo meio artístico e pequenos trabalhos começaram a surgir, até que o produtor Liminha foi a um de seus shows e lhe ligou, querendo uma música para O Rappa. A carta de ouro que ele tinha nos shows era a sua música *Miséria S.A.* prontamente aceita pelos integrantes d'O Rappa e que viria a ser parada de sucesso em todas as rádios do país.

A próxima oportunidade apareceria no dia do aniversário do "CEP Milsica", apresentado pelo Michel Melamed, um poeta e apresentador com quem ele tinha boas relações. "Liguei para o C.A Ferrari e para o Sidon dizendo que tínhamos um espaço de trinta minutos. Chamamos para compor aquela bagunça o Mário Moura e o Celso Alvim. A ideia era fazer um show portátil que interagisse com a plateia. Então surgiu a ideia de eventualmente nos alinharmos no show feito uma parede. Todos na mesma linha do cantor. Dessa ideia surgiu o nome Pedro Luís e a Parede (PLAP)." Nesse mesmo tempo Pedro tinha começado a fazer a faculdade de Música, mas largou dois anos depois por conta da sua nova banda, chegando a gravar dois CDs com a produtora Warner e a despontar relativo sucesso.

Passou algum tempo de águas mornas até que, no ano de 2000, a Parede foi convidada a fazer um workshop de percussão no Sesc Vila Mariana. A ideia seria fazer uma oficina que adaptasse alguns ritmos que eles usavam na banda ao instrumental das escolas de samba, e isso desembocaria no show com alunos que eles formariam por lá. "Foi sensacional porque a gente viu que funcionava muito bem, e dali estava se formando o que viria a ser o nosso bloco de carnaval. Trouxemos a ideia para o Rio implantando uma oficina permanente durante este ano. Fizemos duas apresentações no Malagueta em São Cristóvão, que não deram certo. Tinha mais gente tocando na bateria do que público assistindo."

Fracasso total, mas de alguma forma eles entendiam que ali havia um caminho. Após um famoso bloco de carnaval desistir de se apresentar nas sextas-feiras no Horto, espaço para 2 mil pessoas, surgiu o convite de substituí-los. "No primeiro final de semana que fizemos, lotou a casa, e do segundo até o oitavo final de semana era casa cheia com pelo menos a mesma quantidade do lado de fora querendo entrar. Sucesso total." O nome da banda surgiu, novamente, pela forma como eles tocavam. "A gente gostava muito de gravar com microfone aberto e nós da PLAP em volta dele, um microfone antigo mono, e batucávamos um som de bloco, e aí com essa história de criar as oficinas para o bloco de carnaval, o nome saiu naturalmente: Monobloco." Foram para as ruas no Carnaval do ano seguinte e eles se lembram de questionar se iria encher, porque mesmo com sucesso nos shows, ainda eram pouco conhecidos pela maioria das pessoas. O resultado foi exatamente o mesmo que no ambiente fechado. Primeiro pelas ruas da Gávea, depois pelas ruas do Leblon completamente cheias. Os "problemas" com os moradores começaram a surgir. Mudaram de locais diversas vezes. Passando por Copacabana sete anos depois do primeiro ano de bloco de rua, com público estimado agora em 200 mil pessoas. Dois anos depois, em 2009, por mais pressão, mudaram-se para a avenida Rio Branco (principal rua do centro do Rio de Janeiro), virando até hoje a tradição do domingo que fecha o Carnaval com mais de 400 mil pessoas.

De uma maneira ou de outra, Pedro teve desde 6 anos de idade um contato quase que diário com a música, ora por influência da família, ora por seus amigos. Ainda que não tivesse em sua vida uma formação musical completa, sua escola foram os diferentes ambientes e experiências pelos quais passou, tornando-o um gênio da música popular brasileira e sucesso pelas criações que realiza.

AMIGO, PODE ME EMPRESTAR UMA LANTERNA?

É ano de vestibular e a estrada está escura. Você não faz a mínima ideia de qual carreira seguir. Parentes e amigos sugerem que você siga a carreira de Direito ou Administração, porque as chances para prestar concurso são ótimas. A remuneração geralmente é boa e ainda garante a tão sonhada estabilidade. Se o concurso que você vai fazer não for para uma carreira que te atrai pelo ofício ou se sua necessidade financeira é tão extrema que sem uma carreira estável você não terá como se alimentar ou bancar sua moradia, desista do concurso público. No entanto, ainda para casos extremos, a alternativa do serviço público sem ter paixão pelo que se faz só se justifica se for temporário, com a finalidade de servir como impulso para saltos maiores fora dele. Do contrário, o seu trajeto provavelmente será: esforço máximo pela aprovação, alegria imensa pela conquista, adaptação e descontentamento. Já que dele não se obtém nada além de recompensa financeira, pouco tempo depois você desejará como nunca sair daquele lugar, ou então tentará se conformar sofrendo dia a dia, ano a ano, até sua aposentadoria. Volto a dizer: se você se sente bem no concurso, é porque é ali seu lugar. E, portanto, ignore este discurso.

A escolha de nossa carreira é ainda mais complicada quando desejamos algo cujo caminho não é claro. Qualquer um que escolha as carreiras mais comuns, como Administração, Engenharia, Medicina, Direito, possui mais chances de conhecer o caminho. Há sempre muitas pessoas que atuam nessas áreas e diversas faculdades oferecendo os cursos. Mas você conseguiria me dizer como se faz para se tornar cineasta? Fotógrafo? Piloto de aeronaves? Que cursos é preciso fazer? Onde? Como ganhar sua vida com isso? Pelo fato de o caminho não ser tão claro, ele traz consigo todas as incertezas. A conclusão disso é um imenso conjunto de pessoas desistindo e optando por algo mais fácil. Por aquilo que tem cartilha a ser seguida.

Alguns preferem contratar *coaches*, pessoas teoricamente especializadas no assunto que poderão resolver seu problema mapeando a maneira como é preciso se comportar e apresentando possíveis caminhos. Dificilmente isso solucionará seu problema, porque esta é uma jornada em que você mesmo faz as perguntas e as responde. Neste caso, eu acredito mais na figura do mentor, aquela pessoa que teve uma jornada semelhante à que você pretende seguir e obteve sucesso. Falo de alguém que leva uma vida que você admira. Pode ser um amigo ou um desconhecido. Essas pessoas provavelmente passaram por muitas dificuldades para chegar onde estão, e terão prazer em lhe contar suas experiências. O custo? Zero. Elas irão te ajudar porque se sentem bem fazendo isso.

Eu tive vários mentores que influenciaram minha trajetória. Dentre eles, eu destacaria o Sérgio Eraldo, já mencionado nesta obra, e a Vera Corrêa, paciente e dona de um profundo conhecimento sobre a vida profissional. Ela foi imprescindível para as minhas decisões relacionadas à vida acadêmica na época certa.

Vamos supor que você tenha decidido fazer concurso para a Polícia Federal. O ideal então é procurar quem já esteja lá por algum tempo. Ele te dará dicas importantes de como estudar para a prova e também como é o trabalho de fato. Ainda que não haja luz em seu caminho ou mentores para lhe ajudar, nem tudo está perdido. Há algo que está ao acesso de todos: o Google. Pergunte a ele tudo o que você precisa saber sobre determinada carreira. Se ele não souber responder, provavelmente foi você que não soube fazer a pergunta certa.

EDUARDO
VARELA

DESIGNER

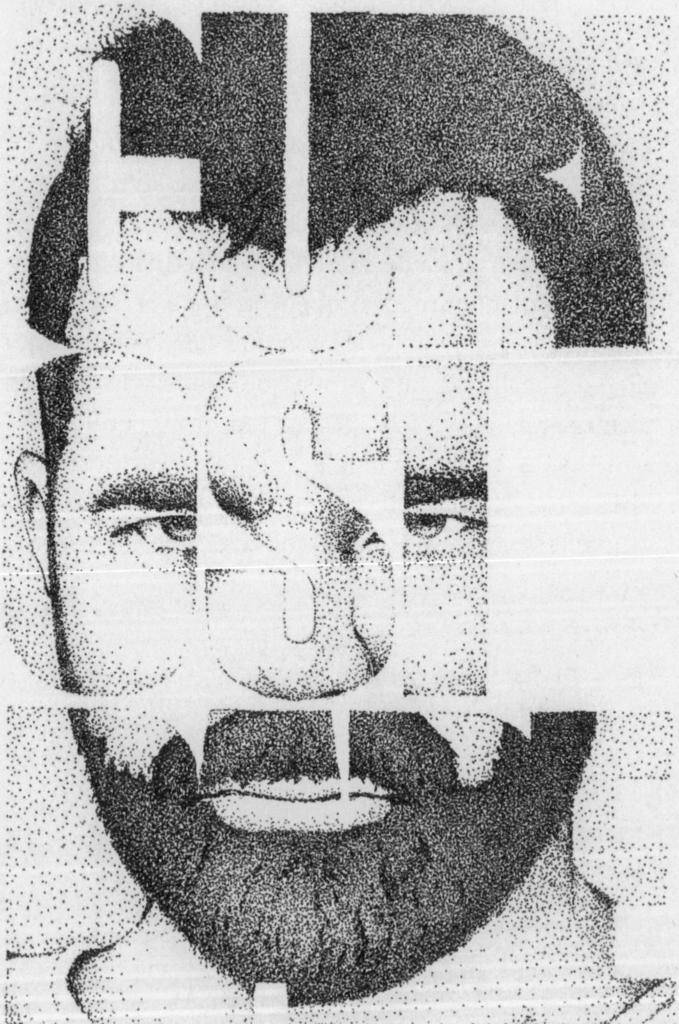

SUA SEGUNDA-FEIRA É A CURIOSIDADE

Último ano do segundo grau na escola Santo Agostinho. A ansiedade aumenta entre os alunos da escola, e uma atmosfera vocacional forte paira entre Eduardo e seus amigos. "Boa parte da minha turma tendia ao curso de Engenharia, alguns para o Direito e outros para a Medicina, mas pouco se viam outras escolhas entre os desejos daquela garotada aos 17 anos. Nós tínhamos a preferência por uma estrada já conhecida." Mesmo sonhando ser músico, Eduardo foi fazer Engenharia.

Apesar de nutrir um gosto por matemática e física, o curso não o encantava. Estava fazendo para ter um diploma, pois sua vontade desde os 12 anos, quando começou a tocar violão, era ser músico. "Somos em geral muito novos para decidir qual faculdade fazer. Tomamos a decisão de largar quando vemos na prática aquilo que estamos aprendendo na teoria – no estágio, pelos amigos que fazemos e até pelo que os professores da faculdade dizem sobre a carreira. Eu me deparei com essa realidade aos 20 anos e no mesmo ano larguei o curso." Conversando com seus pais, Eduardo estava decidido a entrar para o curso de Arquitetura. Ele relata que havia uma necessidade de conectar sua curiosidade pelos aspectos técnicos da engenharia e a criatividade que vinha da música. No entanto, em conversa com um de seus amigos, o caminho do design veio à tona. Já mais maduro, procurou saber mais sobre o curso pesquisando e conversando com outras pessoas. Fez uma escolha agora mais embasada, lúcida, e que de fato tinha a ver com o que ele gostaria de estudar.

Decisão tomada, Eduardo se preparava para o vestibular; a aprovação veio logo em sequência. Desta vez, tudo era bem mais interessante. "O meu desejo estava sempre voltado para a criação, fosse pela música ou pelo desenho. Desde garoto eu sempre gostei de desenhar, e esses rabiscos eram planejados, havia um interesse por ilustrar pensando na parte técnica, na sistematização e nas funções. Se eu desenhasse uma guitarra, eu não me preocuparia somente com o estilo, mas também se ela funcionaria caso fosse posta em prática." O Design fez essa importante junção da arte com o sistema.

Dez anos depois de concluir seu curso, Eduardo foi trabalhar na Osklen como chefe do departamento de design, o que para ele foi bem curioso. Quanto a isso, ele faz uma ressalva interessante sobre os caminhos que nossa carreira pode tomar e a felicidade oculta nesse percurso: "Sou também professor da graduação e de alguns outros cursos, e sempre na primeira aula faço uma pergunta aos futuros designers: 'Vocês gostam de qual área do design?'. Não adianta vocês acharem que a opinião será a mesma sempre. Eu nunca diria que trabalharia com moda e hoje, além de normal, acho extremamente recompensador. Essa vastidão de mercado que o Design proporciona facilitará sua vida, e tudo que você precisa saber é se gosta de solucionar problemas de forma criativa. Isso é o Design."

Ainda que suas escolhas não o tenham levado a ser músico, Eduardo conta que ao ter a música como hobby já se sente preenchido. O design tomou conta dos seus dias e significa apenas o ponto de partida para uma imensidão de conhecimento. A escolha do curso não basta, mas sim o quão curioso você se torna dentro daquilo que escolheu. "Hoje estudo tudo, menos design. Estudei campos que vão da filosofia até economia comportamental e tomada de decisão. À primeira vista pode parecer que não há correlação entre essas áreas, mas é justamente nelas que eu me aprimoro. Essa curiosidade é que realmente leva ao aperfeiçoamento; a faculdade é apenas uma direção."

CAPÍTULO 12

FICA A DICA

Não há garantias do caminho perfeito para a felicidade nem segredos para o sucesso. No entanto, o objetivo deste tópico, como em toda obra, é oferecer ferramentas para você usar como achar melhor. As dicas que dou neste capítulo são muito úteis depois que você já conseguiu definir minimamente aonde deseja chegar, quem você é e o que pretende fazer da vida. São ferramentas que funcionaram muito bem para mim e para várias outras pessoas, portanto é possível que também o ajudem. Não entre em pânico caso não saiba todas as respostas agora. Exercite a sua curiosidade. Ponha-se a pensar nas possibilidades e, sobretudo, mexa-se.

CICLO PDCA

Toda virada de ano nós fazemos exatamente o mesmo ritual. Desejamos que no ano que se inicia tudo seja melhor e que consigamos atingir todos os objetivos que vierem à memória no momento. Os pedidos se enchem de esperança e nos sentimos extremamente animados. Afinal, esse novo ano será bem melhor que os outros. Mas tome cuidado, porque o seu cérebro pode pregar uma peça em você.

Para saber se caímos nas armadilhas de nossa mente, um bom exercício é recordar os outros anos. Todo início de ano você fez as promessas e até o fim daquele ano você as cumpriu? Emagreceu como desejou? Passou naquela prova? Conseguiu aquela promoção no trabalho?

Para muitas pessoas, a eficácia na realização dos objetivos depende da autocobrança. Mas se alguns se esquecem com facilidade daquilo que prometeram a si mesmos há uma semana, que dirá no início do ano. Por isso, anote e controle. Aqueles que criam metas são mais eficientes do que os que não criam. Quando traçamos algo realmente desafiador e específico, aliado a prazos para alcançá-lo e formas de medir nosso desempenho no percurso, ficamos ainda mais suscetíveis a resultados satisfatórios.[74]

As metas possuem papel fundamental em nossas vidas. Elas dão sentido à jornada e nos fazem apreciar o caminho até o objetivo. São elas que nos conduzem e nos mantêm nos trilhos. Viver com metas bem-traçadas e persegui-las nos faz felizes no presente e no futuro. Por isso, entender aonde queremos chegar e traçar uma estratégia é fundamental.

Para ajudá-lo com esse problema, fiz uma adaptação de um artifício bastante conhecido na Administração, chamado Ciclo PDCA ou Ciclo de Deming. PDCA é um acrônimo inglês (*Plan*, *Do*, *Check and Act*), que significa Planejar, Executar, Verificar e Agir. São exatamente esses quatro passos que você deverá usar para se manter focado no objetivo – procure outra forma de autocontrole se esta não funcionar.

Planejar

Nesta etapa é preciso deixar claro quais são seus objetivos. Ele precisa ser sincero e condizente com o que o fará feliz. Não adianta desejar promoções no seu trabalho se o que você faz hoje não te dá prazer. Será contraproducente optar por esse caminho e logo será insuportável manter o foco.

Diante dos objetivos reais, hora de organizá-los em algum lugar onde possam ser vistos regularmente. Neste caso podemos adotar uma planilha Excel, mas serve um mural ou mesmo um caderno que você abra para estudar.

Suponhamos que seus objetivos do ano que começa sejam esses:

- ✓ Passar no vestibular de Administração
- ✓ Emagrecer 10kg
- ✓ Aprender a tocar guitarra
- ✓ Tornar-se fluente em inglês em um ano
- ✓ Juntar dinheiro para viajar em dezembro

Note que nenhum deles é possível de realizar com o esforço de um único dia e dificilmente de uma semana. É preciso dedicação e autocontrole ao longo de toda a caminhada. Por isso, talvez seja bom quebrá-los em metas. As metas são as peças do quebra-cabeça que chamamos de objetivo.

Agora que você os tem anotado, é preciso criar os controles. Eu diria que essa parte é a menina dos olhos do nosso projeto. Você anotará diariamente seu rendimento em direção ao objetivo. Pode soar estranho, mas é incrivelmente eficiente. Se você tiver paciência para manter seus dados atualizados, é bem possível que isso o ajude a se manter nos trilhos. Em uma famosa pesquisa realizada com mais de 300 estudantes universitários, Ian McGregor e Brian Little constataram que indivíduos ficavam mais felizes quando sentiam que estavam se aproximando de seus objetivos.[75] Os estudantes que não acompanhavam o próprio progresso tinham chances três vezes menores de se sentirem satisfeitos do que aqueles que o acompanhavam.

Além da questão motivacional de enxergar o avanço, somos os maiores especialistas do mundo na arte da autossabotagem. Sabotamo-nos o tempo inteiro. A autossabotagem é amiga da procrastinação. Jogá-las para escanteio é a melhor maneira de seguir a passos largos em direção ao que desejamos. Meus alunos se assustam quando eu digo que sei quantas horas de estudo eu fiz em cada mês desde 2011. Ou, ainda, quando mostro que desde esse mesmo ano todos os objetivos traçados foram concluídos antes do final de cada ano.

Neste caso hipotético temos cinco objetivos. Todos de longo prazo e com diferenças peculiares, já que o intuito é mostrar que, mesmo havendo diferenças entre os objetivos, todos precisam ser controlados. O segredo para atingir objetivos audaciosos é transformá-los em várias tarefas menores, conquistando uma vitória a cada dia.

O controle pode ser atualizado uma vez por semana apenas, e isso não costuma demorar nem cinco minutos. Não é tanto trabalho assim, certo?

✓ *Objetivo 1: Passar no vestibular de Administração*

Uma tabela que controlará quantas horas de estudo eu fiz por semana, fora as horas no curso preparatório. Minha meta para isso será de doze horas semanais ou duas horas por dia. Pode parecer pouco para alguns, mas duas horas diárias é bastante coisa. Compre um cronômetro ou use o do seu celular. Isso é importante porque também nos sabotamos quanto à quantidade de empenho. Se não registrarmos, é possível acharmos que estudamos quatro horas, mas neste intervalo atendemos o telefone duas vezes, entramos em alguma rede social por três vezes e nos levantamos para ir ao banheiro duas vezes. Daí a necessidade de um cronômetro.

Anote em uma tabela quantas horas você estudou por dia e a cada dia da semana. Além do tempo de dedicação, será preciso uma estratégia para o que merece atenção. Veja as disciplinas nas quais você vai pior e dedique mais horas a elas. O mesmo controle pode ser usado para concurso público. Aqui é preciso ter em mente que, quanto mais você estudar, mais você se aproxima desse objetivo. No caso do concurso, muitos costumam usar a analogia da fila. Concurso é uma fila que você começa em último. Estudar seria furar a fila. Estudar muito seria, então, ultrapassar muita gente. Você passa no concurso quando furou fila suficiente para entrar no quadro de vagas – lembrando, novamente, que o concurso precisa lhe fazer feliz ou ser parte de uma estratégia para isso.

✓ *Objetivo 2: Emagrecer 10kg*

Não é preciso ser um especialista em exercícios físicos ou nutrição para saber que somente com a combinação de exercícios e boa alimentação se chega com saúde à perda de peso. Além do auxílio de um *personal trainer* e de uma nutricionista, deixo aqui uma maneira (dentre infinitas possibilidades) de se manter nos trilhos. Nesse objetivo eu anotaria quantas vezes fui à academia na semana e de que forma eu me alimentei em cada dia indicado com três cores: verde = bem; amarelo = razoavelmente bem; vermelho = mal.

Depois de algum tempo, se você atingiu o objetivo, o quadro de constância na academia e da boa alimentação estarão em consonância, pois ele estará todo preenchido de bons resultados. No entanto, se nada acontecer, ele mesmo te dirá o quão fraco você foi com sua saúde e não haverá razão para culpar terceiros. Este é o principal objetivo de se anotar tudo!

Outra forma de controlar seu desempenho é quebrá-lo por semanas. Prometer a si mesmo que irá pelo menos quatro vezes à academia por semana e que perderá 5 kg em três semanas. Veja que, neste caso, estabelecemos uma meta ao objetivo principal. Fazer isso lhe dará vontade de continuar.

Por fim, neste objetivo cabe um conselho de amigo: enxergue-o como um benefício para sua saúde, em vez de considerar aspectos meramente estéticos. Isso o ajudará a cumprir todos os outros objetivos aqui traçados. O benefício do exercício é indiscutível. Nós, seres humanos, fomos feitos para nos movimentar. A forma de lazer contemplada por atividades passivas como assistir TV, jogar videogame ou acessar o facebook são muito mais fáceis do que correr na praia ou praticar natação. Consequentemente, as recompensas também são diferentes. As atividades sem suor são prazerosas por um breve tempo e logo depois começam a ter o efeito contrário, sugando as energias de quem a pratica. Já o lazer ativo, como os esportes, beneficia nossa concentração, nossa motivação e nos dão prazer.

✓ *Objetivo 3: Aprender a tocar guitarra*

Semelhante aos estudos, o que te fará aprender a tocar guitarra será a quantidade de horas de prática que você dedicará a essa aprendizagem e as ferramentas adotadas (treino deliberado, cursos, vídeos). Veja que seu objetivo provavelmente não é se tornar o novo Jimi Hendrix, Eric Clapton ou Keith Richards. Se for, ele passa a ser a principal atividade da sua vida, e aí serão necessárias 10 mil horas de prática. No entanto, sua intenção deve ser apenas aprender a tocar algumas músicas. Neste caso, não será preciso tanto tempo quanto os astros levaram, talvez vinte horas sejam o suficiente.[76] Josh Kaufman, autor de *The first 20 hours: how to learn anything* (As primeiras 20 horas: como aprender qualquer coisa) conta que com a prática focada de vinte horas com bons materiais de suporte e um objetivo claro a ser alcançado é possível desenvolvermos quase todas as habilidades em um nível razoável, a ponto de arriscar uma música solo. Importante é entender quão bom você deseja se tornar e que mais horas de prática significarão maior habilidade com o instrumento.

✓ *Objetivo 4: Tornar-se fluente em inglês em um ano*

Hoje em dia há vários cursos que prometem esse milagre e de fato ele é possível. No entanto, o que eles deixam um pouco de lado é quão dedicado você precisará ser fora da sala de aula para atingir esse objetivo.

Por que aprendemos mais rápido quando moramos em outro país onde a língua nativa é a que desejamos aprender? Simples: em outro país você será forçado a praticar a língua. Ir ao supermercado, fazer compras, conversar com vizinhos, fazer novas amizades. Para tudo será preciso o uso do idioma. Enfim, o tempo todo você pratica, e por isso às vezes, em seis meses, é possível voltar fluente no idioma. Se o seu caso não for esse, será preciso simular essa mesma disciplina. Além do curso, que acontece durante algumas horas por semana, assista a filmes sem legendas, leia jornais ou blogs de outros países, ou mesmo ouça músicas e as traduza. Tenha um objetivo semanal de quantas horas se dedicará a esse aprendizado e o mantenha por um ano. Siga-o fielmente. Para atestar se esse objetivo foi alcançado, pode ser feito o teste TOEFL de proficiência em inglês, ou você mesmo saberá se realmente é fluente quando conversar com algum estrangeiro.

✓ *Objetivo 5: Juntar dinheiro para viajar em dezembro*

Serão 12 meses de autocontrole. Não é necessário suor algum para cumpri-lo, mas pode ser complicado. Se essas economias forem colocadas em um cofre estilo "porquinho", é possível que ele vire pó muito antes do meio do ano. O raciocínio aqui é inverso à história do violão que contei na seção de hábitos. Ele não pode ficar à mostra, porque em um momento de fraqueza ele será a primeira vítima. Pensamentos como "ah, essa viagem nem seria tão legal mesmo" ou "eu vou quebrar, mas só para pegar uma parcela, o restante eu guardo de volta" serão os primeiros a aparecer, e em um passe de mágica o seu sonho será desfeito. A boa e velha poupança é uma ótima alternativa; de preferência, quebre o cartão, para evitar o saque imediato. Você poderá sacar o dinheiro com sua identidade na agência que fez o cartão, mas o esforço para tudo isso evitará que o faça por motivos vãos. Anote quanto você depositou a cada mês e imponha metas para cada novo mês, se possível ainda maiores. Aperte os investimentos para que a sua reserva seja maximizada.

Agora com todos os objetivos traçados e os controles realizados, vamos partir para a ação.

Executar

Não há muito mistério nem o que ensinar nesta etapa. Agora é arregaçar as mangas e matar um leão por dia. Não espere que seja fácil ou sem dor. Dessa forma não se conquista absolutamente nada. Atividades como tocar violão, um hobby, serão mais prazerosas do que sofridas. Mas nem sempre é assim. Às vezes não gostamos de estudar inglês ou ir à academia, mas isso terá de ser feito porque você deseja o aprimoramento pessoal e profissional.

Só não temos tempo para realizar aquilo que não desejamos. Não arrume desculpas. Levante-se dessa cama ou sofá e mãos à obra. Faça!

Verificar e Agir

Gosto de tratar junto desses dois últimos passos do ciclo, porque é de forma simultânea que constatamos as falhas em nosso planejamento ou execução, e então os corrigimos. Aqui percebemos que, possivelmente, superestimamos nossa capacidade de estudar, colocando um objetivo surreal de vinte horas por semana, ou subestimamos a necessidade do estudo, achando que cinco horas semanais seriam suficientes para tirar aquele "A" na prova. Entenda que a corda tem que ser esticada no limite. Os objetivos tornam-se mais próximos à medida que nos esforçamos, e o benefício é eterno. A vida não é tão difícil quando se estuda. Ela é mais difícil quando não se estuda.

Nesta seção reavaliaremos tudo. Será que correr apenas uma vez na semana e me alimentar bem aos finais de semana é suficiente? Estou sentindo evolução nas técnicas relacionadas à guitarra? Estou indo melhor nos simulados do vestibular? Caso alguma resposta seja "não", trace novas metas semanais e reajuste os controles.

Como segunda-feira é símbolo de recomeço para a maioria de nossas vidas e em todo meu controle é ele o primeiro dia da semana, eu uso o domingo para atualizar tudo o que fiz. É um bom momento para refletir se estou sendo meu amigo e quão compromissado com meu desenvolvimento eu tenho sido.

Essa é a forma como organizei minha vida, e ela pode dar certo com diversas outras pessoas - como já deu -, mas não significa que funcionará com qualquer um. As ferramentas estão aqui e por toda parte. Veja quais se encaixam melhor ao que você precisa e aplique-as.

O mais importante é ter a preocupação de não viver um dia após o outro e só. Todo dia é preciso avançar um pouco. E neste ponto há um padrão: vale para qualquer atividade. É passo a passo que se faz uma caminhada. Se você entender que seus objetivos não fazem parte de um processo, você estará propenso à frustração. A caminhada serve para, enquanto estamos evoluindo, também nos motivarmos com pequenos resultados. Marcelo Sales, famoso empreendedor, sintetizou com maestria este ponto: "Uma vez traçado o seu objetivo, faça chuva ou faça sol, esteja você de bom humor ou de mau humor, com sorte ou com azar, dê um passo todo dia. Porque, no final de um ano, você vai ter dado pelo menos 365 passos em direção ao seu objetivo", e essa quantidade de empenho costuma ser suficiente para cumprir boa parte do que traçamos no réveillon passado.

AS SUGESTÕES DE ARNOLD SCHWARZENEGGER

Há um famoso discurso de Arnold Schwarzenegger aos formandos da University of Southern California, no qual ele fala sobre as seis regras do sucesso. Sou contra a ideia de regra e fórmula, como tratei exaustivamente neste livro. No entanto, não posso deixar de destacar a relevância desses seis pontos citados. Eles não garantem o sucesso, mas entendê-los e praticá-los torna o caminho muito mais fácil e aumenta as chances de se obter êxito. Note que há verossimilhança com muitos pontos abordados nesta obra – e não por acaso. Quem chegou lá sabe que há um padrão de comportamento que nos ajuda a conquistar e a nos fazer felizes.

1. **Acredite em você mesmo**
Significa entender quem você é. Não o que seus parentes ou professores querem que você seja, mas você. Qual é sua essência? O que te dá prazer? Seja você no trabalho que realiza, não importa quão insano isso possa parecer para as outras pessoas.

2. **Quebre as regras**
Existem regras para quase tudo na vida. É preciso quebrar algumas delas se elas o distanciam do seu sonho. Romper paradigmas e fazer o que ninguém mais faz. Isso não significa praticar crimes, pois neste caso seria quebrar as leis, e não é esse o ponto. Você quebrará regras. Verdades estabelecidas sobre determinados pontos da vida.

   Aos 20 anos, minha única vontade era ir à balada todos os dias e meus pais não tinham dinheiro para tantas saídas. Nessa mesma época foi febre por todo o país sites que tiravam fotos e as colocavam na internet. Você podia baixá-las no dia seguinte, no conforto de casa, sem necessidade de levar a câmera para a boate (os celulares ainda não tiravam fotos). Eu notei que esses fotógrafos e donos de sites realizavam as festas e, o mais importante, entravam na boate gratuitamente. Então eu estava decidido. Eu criaria o meu próprio site para sair todos os dias gratuitamente e ainda ganharia dinheiro com isso.

   Objetivo: Sair o máximo possível.
   Regra: Sair até meu dinheiro acabar.
   Situação: Com dinheiro para sair uma vez a cada 15 dias.
   Solução: Criar um site de foto e virar fotógrafo.

   Bem depois, após o mestrado, todos os recém-formados tentam começar a dar aulas enviando currículos por e-mail ou pedindo indicações de outras pessoas. Tentei por essas vias e não obtive sucesso, assim como outros amigos. Então adotei a estratégia de imprimir currículos e ir de porta em porta, em cada faculdade do Rio de Janeiro, conhecer e conversar com os coordenadores dos cursos. Muitas vezes sem nem marcar horário. Ia direto à coordenação e pedia para falar com o coordenador. Perguntavam se eu tinha marcado horário e eu dizia que sim - não me lembro de ter agendado nada com nenhum deles. Mentir nessa hora não significava prejuízo a nenhuma das partes, então eu fazia sem pensar duas vezes. Eu queria dar aula e coordenadores desejam professores apaixonados.

As oportunidades pipocaram de tal forma que consegui encaixar ainda três amigos em três universidades diferentes, porque eu não tinha mais horário disponível. A regra era "envie e-mail ou contate amigos" e eu as transformei em "currículo de porta em porta".

Objetivo: Tornar-me professor.

Regra: Envie e-mail ou peça indicações.

Situação: Já havia executado a regra e não obtive sucesso.

Solução: Ir de porta em porta com o currículo debaixo do braço.

3. Não tenha medo de falhar

Assuma que o não você já tem. Entenda que falhar faz parte de qualquer processo de aprendizagem. Fiz o vestibular com a certeza de que não passaria, mas passei. Fiz o processo do mestrado tendo dúvida da minha capacidade, mas passei. Fui estudar fora do país com certo medo das coisas pelas quais eu teria que passar, mas deu tudo certo. Inclusive agora, escrevendo este livro, eu não penso em falhar. Sinto receio de nunca terminá-lo, dado o trabalho que dá ou como ele será quando for publicado. Ansiedade pelas críticas que virão. No entanto, fecho os olhos e sigo adiante. Como diz um clássico livro de Susan Jeffers: "Tenha medo e siga em frente." O medo de falhar existe, mas ele não pode travá-lo nunca. Tornar seus anseios de derrota em vitória é basicamente decidido pelo quanto você vai se esforçar para realizá-lo. Arnold reitera em seu discurso que é preciso continuar se esforçando, porque você acredita em você e em sua visão.

4. Não escute os pessimistas

As pessoas otimistas geralmente criam mundos artificiais e transformam a realidade a seu favor. As pessimistas não só não conseguem promover essa mudança como também tentam levar todos ao redor com o discurso de que não é possível realizar certas coisas. Se o que você sente dentro de si é uma sede incontrolável de realizar as coisas que lhe fazem bem, não há motivo para não suar a camisa e conquistá-las. "Você não pode fazer isso, nem pode fazer aquilo. Nunca ninguém fez isso antes. Eu adoro quando dizem que ninguém fez isso antes porque significa que se eu fizer serei o primeiro a ter feito. Então não preste atenção às pessoas que dizem que não pode ser feito. Sempre acredite que você pode fazer."

Muitos sustentarão a ideia de que o mercado está saturado para determinadas carreiras e que não vale optar por esse caminho. Ignore-os sumariamente! O maior erro que você pode cometer é deixar de seguir aquilo que você gosta por conta das incertezas e correr para o lado da comodidade.

5. Esforce-se ao máximo

Arnold diz ser a regra mais importante, e eu diria que é a mais importante de todas as sugestões que eu poderia dar a alguém. O esforço leva à excelência. Os objetivos podem ser diversos, mas só serão conquistados com sua parcela de dedicação. "Quando você está fora de casa, curtindo, alguém nesse exato momento está trabalhando duro. Alguém está ficando melhor e alguém está vencendo." Não significa que você precisa deixar de se divertir, mas tenha a ciência que cada segundo conta. Leandro Oliveira, grande amigo que passou na primeira tentativa para o concurso da Polícia Federal, dizia: "Enquanto você está indo à festa, enquanto você está aí sentado neste sofá, tem um japonês estudando em pé no ônibus." O que ele queria me dizer é que cada minuto conta. Cada nova repetição de exercício na academia, cada nova hora de prática de violão, enfim, tudo conta no final. Eu não me pergunto mais se consigo ou não alcançar determinado objetivo. Hoje me pergunto se o esforço que terei de aplicar vale a pena. Afinal, o que você deseja conquistar vira realidade se você estiver disposto a pagar o preço com suor.

6. Devolva

Já vimos nesse livro quão poderoso é o ato de ajudar as pessoas, por isso devolva ao mundo as coisas boas que lhe foram dadas. Não só aos seus pais e aos amigos, mas principalmente àqueles que você nem conhece. No entanto, cuidado com a forma como faz esse bem. Nunca faça para mostrar aos outros o quão bondoso você pode ser. Faça por amor a outro ser humano e só. Traga a bondade para o jeito mais puro e silencioso. Esse bem o tornará surpreendentemente mais feliz.

06 ~~REGRAS~~ SUGESTÕES DE ARNOLD SCHWARZENEGGER

1 Acredite em você mesmo

2 Quebre as regras

3 Não tenha medo de falhar

4 Não escute os pessimistas

5 Esforce-se ao máximo

6 Devolva

RAFAEL
GEBARA

DJ

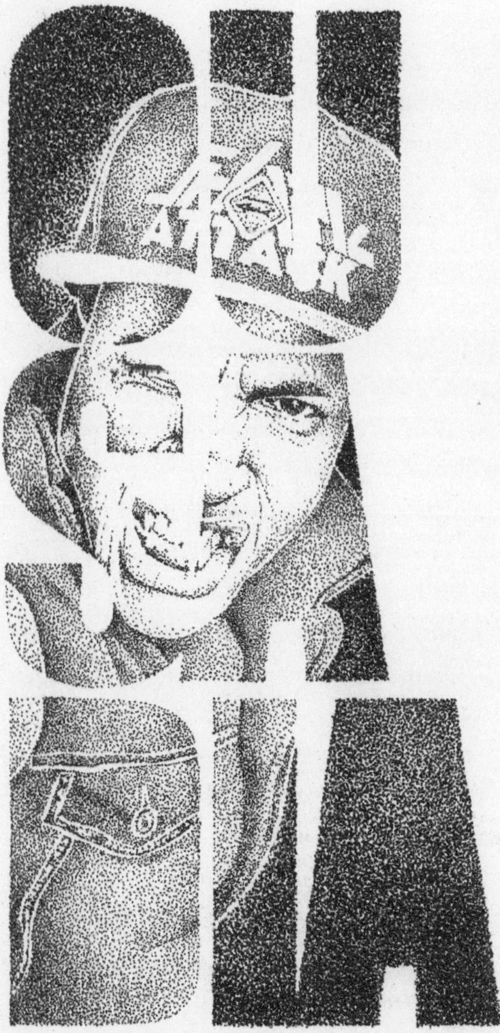

SUA SEGUNDA-FEIRA É FORA DA CAIXA

Foi quebrando regras que Rafael Gebara, conhecido como DJ Shark, conquistou seu espaço na noite carioca e em todo o Brasil. Sua carreira começou não muito diferente da de grande maioria dos profissionais de sua área: tocando em festas de playground, em casa, como hobby e até em alguns eventos esporádicos de faculdade, brincadeira essa que ficou ainda mais interessante quando começaram a pagar por ela. Deste ponto em diante, Rafael passou a investir mais dinheiro em aparelhos e a profissionalizar sua diversão. Por falta de locais para fazer festas, ele – junto ao apoio incondicional de sua mãe – fazia cerca de 300 convites e vendia aos seus amigos, juntando todos em sua própria casa. Ele lembra que esta foi a primeira de suas ousadias que de certa forma deu certo.

A vida estava ótima. Passava o dia tocando e pensando em novas festas. Até que um dia seu pai faleceu, devido aos poucos cuidados que tinha com a saúde, pegando todos de surpresa e deixando um mundo de novas obrigações em suas costas, onde até então só havia a preocupação em se divertir. "A morte de meu pai foi um completo choque em minha vida e me forçou a amadurecer ainda mais rápido. Com apoio da minha mãe continuei a estudar e consegui terminar a faculdade de publicidade, sempre levando em paralelo a minha vida de DJ." Com a sua formação, Rafael começou a inovar sua maneira de autopromoção, tendo cuidado especial com sua imagem e como ela chegava até as pessoas. Esta eu qualifico como a "primeira regra" que ele quebrou: mostrar aos clientes uma imagem melhor, quando pouquíssimos eram os DJs que se importavam com isso. Entenda que ao dizer "quebrar uma regra", estou, na verdade, me referindo a inovação. Sair do senso comum e agir diferente.

Dada a escassez de locais para mostrar seu trabalho, Rafael resolveu começar a produzir os próprios eventos. Estava quebrando mais uma regra, e isso precisava ser feito de forma incrível. Sua ideia, era trazer um cantor de hip-hop muito famoso e que hoje possui 90 milhões de visualizações no youtube, Sean Kingston. Só havia um problema: ele não tinha dinheiro nem para comprar um cachorro-quente. "Eu não tinha dinheiro nenhum e estava anunciando em todos os cantos que haveria um show com o Sean Kingston. Eu sabia que ele custava 50 mil dólares e era isso que eu teria de arrumar para tê-lo em meu evento. Vendi ingressos antecipados, pedi dinheiro emprestado para muita gente e consegui aquela quantia faltando uma semana para o evento." Tudo certo, agora era só focar nas vendas e esperar o dia. Rafael estava realizado com tudo aquilo, seu plano de anunciar um cantor daquele quilate sem dinheiro algum tinha dado certo. Todavia, sua pouca experiência de vida cobraria um preço alto pouco depois. "Em vez de ir pelas vias normais, que seria falar com o seu agente, atravessamos e fomos direto à mãe do cantor. Demos o dinheiro a ela e aguardamos a sua vinda. No entanto, ela ficou com todo o dinheiro, o agente descobriu nossa articulação e não autorizou a vinda. Eu tinha queimado 50 mil dólares que não eram meus e estávamos a poucos dias do evento. Mal tinha começado a minha carreira e ela já estava acabando."

Rafael ficou atônito e desesperado por algum tempo, sem saber o que fazer. "Eu tratei de me acalmar, colocar a cabeça no lugar e agir da melhor maneira. Entrei em contato com alguns amigos fora do país e negociamos com Lloyd Banks, um cantor tão famoso quanto o Sean, mas por uma quantia bem mais amigável. Novamente sem dinheiro, nós o trouxemos e o evento aconteceu. Mesmo não cobrindo todos os gastos e criando uma dívida considerável no banco, eu tinha feito o evento dar certo e aquilo abriria muitas portas para mim."

Não muito tempo depois, Rafael conseguiu quitar todas as dívidas e algo engraçado aconteceu. "Eu gostei dessa ideia de arriscar. Comecei a assumir outras dívidas, só para trazer os caras lá de fora. Fiz evento com Montell Jordan, Sky Blue, Dev e vários outros. Com o Lil Jon cheguei a fazer turnê por todo o Brasil e viramos grandes amigos." A sacada de gênio do agora famoso DJ Shark foi ótima: enquanto todos estão preocupados em ser DJ, vou ser também produtor.

Com humildade e simpatia ímpares, Rafael evidencia o porquê de merecer o reconhecimento que tem dentro e fora dos meios em que atua. Ele entendeu cedo que acreditar em si mesmo, quebrar regras, não ter medo do fracasso, não escutar os pessimistas e esforçar-se ao máximo são elementos-chave para ser bem-sucedido em sua carreira. E a felicidade? Está em tudo que faz.

AMANHÃ SERÁ SEGUNDA-FEIRA

Dificilmente, até chegar a esta última parte, você encontrou todas as respostas de que precisa. Se isso aconteceu, foi por sorte minha ou porque você não havia percebido quão próximo já estava delas. É mais provável que esteja no mesmo estágio em que começou, mas com uma sutil diferença: você compreendeu que a felicidade não está só na chegada, nem só no caminho, mas em ambos. E se eu consegui provocar esta pequena diferença em você, já valeu todo o suor dispensado nesta obra.

Se o seu problema for medo, tenha um segundo de coragem.

Se quiser conquistar alguma coisa grandiosa, conquiste um pouco a cada dia.

Se estiver triste, seja grato a alguém.

Se você não sabe as respostas, comece a se perguntar.

Amanhã faça a sua segunda-feira.

Felicidades,
Bruno Mendes

AGRADECIMENTOS

Senta aí que a lista é enorme e se o seu nome não estiver aqui pode ter certeza que está em meu coração.

Antes de tudo, devo à minha família pelos alicerces fundamentais. Sobretudo àqueles que foram afetados diretamente por minhas escolhas e me apoiaram: meus pais, Alberto e Fátima, meu irmão Alvaro Mendes e meu primo Paulo Mendes. Minha avó por sempre acreditar em mim desde as péssimas notas de escola, e ao meu avô, professor de vida.

Destaco a imensa importância de todos os personagens deste livro que aceitaram doar seu tempo em prol desta obra, que pretende ajudar pessoas a encontrar meios para serem mais felizes tanto no trabalho quanto na vida pessoal.

Ao Sérgio Eraldo, por toda atenção e simplicidade em sempre me receber, dar conselhos e me ajudar nesses oito anos que nos conhecemos. Ao Gabriel Macohin, ao João Matheus e ao Studio Opz, pela dedicação imensa ao projeto gráfico do livro. Ao Fernando Nunes, ao Oscar Nascimento e ao pessoal da Anima Studio pelo zelo com a diagramação e qualidade da obra. Às meninas superpoderosas Clarisse Court, Fernanda Rocha e Anna Luisa, da Priorité Comunicação que desde o primeiro contato abraçaram o trabalho com a atenção que ele merece. À Camilla Savoia e à Luana Balthazar e à toda equipe da Editora 5W por aturar um carrapato que se diz escritor e desenvolverem um belíssimo trabalho. Ao Vitor Murakami, à Taíssa Laborne e ao Guilherme Oliveira pela disponibilidade e dedicação em toda parte digital do projeto. À Mariana Miranda pela ajuda e incentivo em todo o livro desde o início. À Luise Marques pelo total apoio e companheirismo despendidos neste sonho. Ao Victor Lyra, bravo amigo que, com suas críticas sinceras e apoio, me ajudou a aperfeiçoar esta obra. À Talita Dupret e à Tatiana Laborne pela simpatia e presteza em conectar pessoas fantásticas à obra. À Juliana Mendonça, ao Fabiano Leoni e ao Denis Russo Burgierman pela pronta disponibilidade em ler meu livro e tecer comentários maravilhosos! Ao Octávio Louro, amigo de longa data e advogado, pelo auxílio em todas as questões legais que envolvem a produção de um livro. À Diana Rebello pela grande força com as entrevistas. À Celina Faria, ex-aluna e amiga, que me fez entender melhor o mundo dos livros. Ao designer Bernardo Amaral e ao fotógrafo Daniel Mello que, na reta final do livro, colaboraram muito com o engrandecimento do projeto.

(Resta fôlego ainda pra ler?)

Por fim as pessoas que não se envolveram diretamente com o livro, mas que fizeram parte da estrada até aqui. Ao Eduardo Andrade, orientador de mestrado e amigo, que fomentou meu interesse pela pesquisa comportamental. Ao Irmão Eli, à Magnólia e toda a fraternidade Toca de Assis pela alegria que me proporcionam ao participar de vosso projeto. Ao Dom Justino e ao Dom Paulo pelo rigor em ensinar as coisas certas e a me guiar na formação dos Oblatos Seculares no Mosteiro de São Bento. Ao Thiago Quintão e ao Diogo Lois pela amizade e companheirismo incomparáveis. Aos queridos alunos e ex-alunos que tornam minha vida mais feliz a cada dia.

Ao bom Deus sobre todas as coisas.

NOTAS

1

KIYOSAKI, R.T. & LECHTER, S.L. *Pai rico, pai pobre: o que os ricos ensinam a seus filhos sobre dinheiro.* Rio de Janeiro: Campus, 2000.

2

http://www.oab.org.br/noticia/20734/brasil-sozinho-tem-mais-faculdades-de-direito-que-todos-os-paises

3

http://www.ted.com/talks/ken_robinson_says_schools_kill_creativity

4

http://www.oecd.org/edu/school/TALIS-2013-country-note-Brazil-Portuguese.pdf

5

BINET, A. *New methods for the diagnosis of the intellectual level of subnormals.* L'année Psychologique, 12, 191-244.

6

GOLEMAN, D. (1995). *Inteligência emocional: a teoria revolucionária que define o que é ser inteligente.* Rio de Janeiro: Objetiva, 2007.

7

ROBINSON, K. *O Elemento-chave: descubra onde a paixão se encontra com seu talento e maximize seu potencial.* Rio de Janeiro: Ediouro, 2010.

8

ROBINSON, K. *O Elemento-chave: descubra onde a paixão se encontra com seu talento e maximize seu potencial.* Rio de Janeiro: Ediouro, 2010.

9

"Minha Escola", em Personalidade: Palestras dadas na América (Londres: MacMillan and Co., 1921), p. 114-115.

10

RUSSELL, B. *Education and the social order.* London: G. Allen & Unwin Ltd, 1932.

11

CHURCHILL. W. *A roving commission: my early life.* Nova York: C. Scribner's Sons, 1930.

12

SCHILPP, P A, & EINSTEIN, A. *Albert Einstein, Philosopher-Scientist.* La Salle, Ill: Open Court, 1969.

13

http://www.ted.com/talks/sir_ken_robinson_bring_on_the_revolution

14

http://www.bls.gov/soc/#classification2010

15

http://www.careerplanner.com/ListOfCareers.cfm

16

HIGGINS E.T. *Value from Regulatory Fit.* Current Directions in Psychological Science, 2005: 209-213.

17

FRANK, R.H. *Luxury fever*. Nova York: Princeton University Press, 2000.

18

BEN-SHAHAR, T. *Seja mais feliz: aprenda os segredos da alegria de cada dia e da satisfação permanente*. São Paulo: Academia de Inteligência, 2008.

19

LYUBOMIRSKY, S. *The myths of happiness: what should make you happy but doesn't, what shouldn't make you happy but does.* New York: Penguin Press, 2013.

20

SEERY, M.D., HOLMAN, E.A. & SILVER, R.C. *Whatever does not kill us: cumulative lifetime adversity, vulnerability and resilience.* Journal of Personality and Social Psychology, 2010.

21

SOLNICK, S.J. & HEMENWAY, D. *Is more always better? A survey on positional concerns.* Journal of Economic Behavior and Organization, 37 373-383, 1998.

22

ZIZZO, D.J. & OSWALD, A.J. *Are people willing to pay to reduce others' incomes?*. Analles d'Economie et de Statistique 63/64, 39-65, 2001.

23

GILBERT, D.T. *Stumbling on happiness*. Nova York: Vintage books, 2007.

24

KRAMER, A.D., GUILLORY, J. E., & HANCOOK, J. T., "Experimental evidence of massive-scale emotional contagion through social networks." Proceedings of the National Academy of Sciences of the United States of America, 111, 24, 8788-90. Janeiro, 2014.

25

LYUBOMIRSKY, S., & ROSS, L. *Hedonic consequences of social comparison: A contrast of happy and unhappy people.* Journal of Personality and Social Psychology, 73, 6, 1141-1157, 1997.

26

WILSON, T. D., & GILBERT, D. T. *Affective Forecasting Knowing What to Want.* Current Directions in Psychological Science, 14, 3, 131-134, 2005. (2) GILBERT, D. T., LIEBERMAN, M. D., MOREWEDGE, C. K., & WILSON, T. D. *The peculiar longevity of things not so bad.* Psychological Science, 15, 1, 14-19, 2004.

27

BRICKMAN, P., JANOFF-BULMAN, R., & COATES, D. *Lottery winners and accident victims: is happiness relative?.* (Journal of Personality and Social Psychology, Vol. 36, Nº. 8, ago. 1978, p. 917-927.)

28

http://veja.abril.com.br/070104/entrevista.html

29

KAHNEMAN, D., & KRUEGER, A. B. *Developments in the measurement of subjective.* Princeton, N.J: Industrial Relations Section, Dept. of Economics, Princeton University, 2006.

30

http://www.acha-ncha.org/. Documento "Executive Summary Spring 2012".

31

ACHOR, S. *The happiness advantage: the seven principles of positive psychology that fuel success and performance at work.* New York: Broadway Books, 2010.

32

LYUBOMIRSKY, S.; KING, L.; DIENER, E. *The benefits of frequente positive affect: does happiness lead to success?* Psychological Bulletin, 2005, 131, p.834.

33

ACHOR, S. *The happiness advantage: the seven principles of positive psychology that fuel success and performance at work.* New York: Broadway Books, 2010.

34

WARE, B. *The top five regrets of the dying: a life transformed by the dearly departing.* Carlsbad, Calif: Hay House, 2012.

35
OROPESA, R. S. *Consumer possessions, consumer passions, and subjective well -being*. Sociological Forum, 10, 2, 215-244, 1995.
36
http://www.ted.com/talks/matthieu_ricard_on_the_habits_of_happiness
37
BEN-SHAHAR, T. *Seja mais feliz: aprenda os segredos da alegria de cada dia e da satisfação permanente*. São Paulo: Academia de Inteligência, 2008.
38
http://www.forbes.com/2004/09/21/cx_mh_0921happiness.html
39
PRYOR, J. H., Cooperative Institutional Research Program (U.S.), & Higher Education Research Institute (Los Angeles, Calif.). *The American freshman: national norms fall 2010*. California: Higher Education Research Institute, 2010.
40
KAHNEMAN, D., DIENER, E., & SCHWARTZ, N. *Well-being: the foundations of hedonic psychology*. Nova York: Russell Sage Foundation, 1999.
41
GILBERT, D.T. *Stumbling on Happiness*. Nova York: Vintage books, 2007.
42
HELSON, H. *Current trends and issues in adaptation-level theory*. American Psychologist, 19, 1, 26-38, 1º de janeiro de 1964..
43
DUNN, E., & NORTON, M. *Happy money: the science of smarter spending*, 2013.
44
DUNLEAVEY, M.P. *Dinheiro pode comprar a felicidade: viva bem com ou sem dinheiro*. São Paulo: Editora Gente, 2008.
45
LANDAU, E.; Study: Experiences make us happier than possessions, CNN.com, 10 de fevereiro de 2009.
46
KAHNEMAN, D.; DEATON, *A. High income improves evaluation of life but not emotional well-being*. Proceedings of the National Academy of Science 107:16489-16493.
47
MYERS, D. G., & DIENER, E. *Who is happy?* Psychological Science, 6, 10-19, 1995.

48

EASTON, M. Britain's happiness in decline. Dados adquiridos no site: http://news.bbc.co.uk/2/hi/programmes/happiness_formula/4771908.stm, 2006.

49

ANDREWS, S. *A ciência de ser feliz.* São Paulo: Ágora, 2011.

50

POWDTHAVEE, N. *Putting a price tag on friends, relatives, and neighbours: Using surveys of life satisfaction to value social relationships.* The Journal of Socio-Economics, 37, 4, 1459-1480, 2008.

51

DIENER, E., & FUJITA, F. *Resources, personal strivings, and subjective well-being: a nomothetic and idiographic approach.* Journal of personality and social psychology, 68, 926-935, 1995.

52

DUNN, E. W., AKNIN, L. B., & NORTON, M. I. *Spending money on others promotes happiness.* Science, 319, 5870, 1687-8, 2008.

53

CARSTENSEN, L. L. et al. "Emotional experience improved with age: Evidence based on over 10 years of experience sampling." Psychology and Aging, 26, 21-33, 2011.

54

KEHN, D. *Predictors of elderly happiness.* Activities, Adaptation & Aging, 19, 3, 11-30, 1995.

55

DIENER, E., & DIENER, M. *Cross-cultural correlates of life satisfaction and self-esteem.* Journal of Personality and Social Psychology, 68, 4, 653-663, 1995.

56

ANDREWS, S. *A ciência de ser feliz.* São Paulo: Ágora, 2011.

57

WRZESNIEWSKI, A.; MCCAULEY, C.; ROZIN, P.; SCHWARTZ, B. *Jobs, careers, and callings: people's relations to their work.* Journal of Research in Personality, 31, p. 21-33, 1997.

58

http://www.ppc.sas.upenn.edu/articleseligman.pdf

59

JEFFERS, S. J. *Feel the fear and do it anyway.* San Diego: Harcourt Brace Jovanovich, 1987.

60

Nunca deixe de tentar / Michael Jordan; apresentação e comentários de Bernardinho. Rio de Janeiro: Sextante, 2009.

61

http://epocanegocios.globo.com/Informacao/Acao/noticia/2014/07/rapaz-que-pegava-comida-no-lixo-se-forma-em-medicina.html

62

GLADWELL, M. *David and Goliath: underdogs, misfits, and the art of battling giants*, 2013.

63

THOMAS, E. *The secret to success: When you want to succeed as bad as you want to breathe.* Goldsboro, N.C: Spirit Reign Pub, 2011.

64

PERCY, A. *Tudo é possível: 75 caminhos para sair da mesmice e mudar sua vida.* Rio de Janeiro: Sextante, 2013.

65

ERICSSON, K. A., KRAMPE, R. T.; TESCH-RÖMER, C. The role of deliberate practice in the acquisition of expert performance. Psychological Review, Washington, DC, vol. 100, nº 3, p. 363-406, 1993.

66

MISCHEL, W. *Cognitive and attentional mechanisms in delay of gratification.* Journal of Personality and Social Psychology, 21, 2, 204-18, 1972.

67

SHODA, Y. *Predicting adolescent cognitive and self-regulatory competencies from preschool delay of gratification: identifying diagnostic conditions.* Developmental Psychology, 26, 6, 978-86, 1990.

68

FERRAZ, E. (2013). *Seja a pessoa certa no lugar certo: saiba como encontrar empregos, carreiras e profissões mais compatíveis com sua personalidade.* São Paulo: Editora Gente, 2013.

69

http://www.ted.com/talks/david_blaine_how_i_held_my_breath_for_17_min

70

DUHIGG, C. *O poder do hábito: por que fazemos o que fazemos na vida e nos negócios*. Rio de Janeiro: Objetiva, 2012.

71

FINLAY, K. A., TRAFIMOW, D., & VILLARREAL, A. *Predicting exercise and health behavioral intentions: attitudes, subjective norms, and other behavioral determinants*. Journal of Applied Social Psychology, 32, 342-358, 2002.

72

ACHOR, S. *O jeito Harvard de ser feliz: o curso mais concorrido de uma das melhores universidades do mundo*. São Paulo: Saraiva, 2012.

73

CHRISTAKIS, N A., & FOWLER, J H. *The Spread of Obesity in a Large Social Network over 32 Years*. New England Journal of Medicine 357 (4): 370–379, 2007.

74

LOCKE, E. A., & LATHAM, G. P. *Building a practically useful theory of goal setting and task motivation. A 35-year odyssey*. The American Psychologist, 57, 9, 705-17, 2002.

75

MCGREGOR, I., & LITTLE, B. R. *Personal projects, happiness, and meaning: On doing well and being yourself*. Journal of Personality and Social Psychology, 74, 2, 494-512, 1998.

76

KAUFMAN, J. *The first 20 hours: mastering the toughest part of learning*. Londres, 2013.

Composto em Minion Pro e Bebas Neue.
Impresso em Cartão Supremo 250g/m² e
Pólen Soft 80g/m² pela UmLivro para o
Grupo 5W em dezembro de 2014.